■ 黄守宏 / 主编
HUANG SHOUHONG

# 2019 中国经济社会发展
# 形势与对策

## 对标全面建成小康社会任务
## 扎实推进精准扶贫精准脱贫

中国言实出版社

**图书在版编目（CIP）数据**

2019中国经济社会发展形势与对策．对标全面建成小康社会任务扎实推进精准扶贫精准脱贫 / 黄守宏主编．-- 北京：中国言实出版社，2019.12

ISBN 978-7-5171-3260-8

Ⅰ．①2… Ⅱ．①黄… Ⅲ．①中国经济—经济发展—调查研究—2019②社会发展—调查研究—中国—2019Ⅳ．①F124②D668

中国版本图书馆CIP数据核字（2019）第246007号

**出 版 人** 王昕朋
**总 监 制** 朱艳华
**责任编辑** 曹庆臻
**责任校对** 张 强
**责任印制** 佟贵兆
**封面设计** 刘 云

**出版发行** 中国言实出版社
地 址：北京市朝阳区北苑路180号加利大厦5号楼105室
邮 编：100101
编辑部：北京市海淀区北太平庄路甲1号
邮 编：100088
电 话：64924853（总编室） 64924716（发行部）
网 址：www.zgyscbs.cn
E-mail：zgyscbs@263.net

**经 销** 新华书店
**印 刷** 北京中科印刷有限公司
**版 次** 2020年1月第1版 2020年1月第1次印刷
**规 格** 710毫米×1000毫米 1/16 10.5印张
**字 数** 121千字
**定 价** 42.00元 ISBN 978-7-5171-3260-8

# 本书编委会

CONTENTS 目录

# 学习习近平总书记<br>关于调查研究重要论述的几点体会

（代序）

黄守宏

重视调查研究是我们党的优良传统和政治本色，是革命、建设、改革取得胜利的重要法宝，也是各级干部做好各项工作的基本功。在调查研究方面，习近平总书记不仅是身体力行的实干家，更是善于总结、与时俱进的理论家。长期以来特别是党的十八大以来，习近平总书记身体力行、亲力亲为深入进行调查研究，为全党作出了表率，同时就调查研究作出了一系列重要论述，形成了科学系统的调查研究思想。习近平总书记关于调查研究重要论述，运用辩证唯物主义和历史唯物主义世界观和方法论，着眼世情、国情、党情的新变化，创造性地提出了一系列新思想新观点新论断，富于时代性、规律性和创新性，是马克思主义关于调查研究思想的丰富和发展，是习近平新时代中国特色社会主义思想的重要组成部分，是指引我们做好新时代调查研究的强大思想武器和行动指南。下面，我就学习领会习近平总书记关于调查研究重要论述，谈几点初步体会。

## 一、调查研究的重要性：谋事之基、成事之道

作为认识和了解社会的重要手段和方法，调查研究历来受到人们的重视。我国传统思想文化特别是传统哲学具有重经验、重现实的实用理性思维特征，历代思想家、政治家有不少调查研究的宝贵经验和深刻感悟。孔子周游列国、虚心好问，“入太庙，每事问”。墨子强调“得下之情则治，不得下之情则乱”“一目之视也，不若二目之视也；一耳之听也，不若二耳之听也”。王安石则“农夫女工无所不问”。管仲在《管子·问》中提出了国情调查要点，包括数量和质量的指标。孙武在《孙子》中主张调查“五事”，研究“七计”，从而做到“知彼知己，百战不殆”。商鞅提出“强国知十三数”思想，对全国的粮食、人口、官兵等数量进行调查，其中特别强调人口调查，他对西周时期的人口调查登记制度予以改进并在秦国实行。唐代刘晏为及时掌握各地商情动态，推动朝廷在各道设置巡院官，安排专人报告商情。明代张居正为解决当时国家的财政危机，上奏疏对财政收支

状况进行调查分析，根据“量入为出”原则实现财政平衡。

调查研究是马克思主义形成、发展的实践基础和根本路径，是马克思主义者认识世界的根本方法。马克思、恩格斯、列宁等为了适应无产阶级革命斗争的需要，亲自深入工人之中，掌握了大量的第一手资料，为他们的理论研究奠定了基础，从而使他们的理论成为工人阶级斗争的武器。为写作《资本论》，马克思研究过1500多部书籍和档案文件，并深入到工厂、农村进行考察，对资本主义国家的经济状况进行广泛的调查研究。“研究必须充分地占有材料，分析它的各种发展形式，探寻这些形式的内在联系。只有这项工作完成以后，现实的运动才能适当地叙述出来”，这是马克思、恩格斯对理论研究方法的概括。

我们党在长期革命、建设和改革开放实践中形成了调查研究的优良传统。一部中国共产党的历史，就是党在调查研究的基础上，把马克思主义基本原理同中国具体实际相结合，不断推进理论创新和实践创新的历史。党的领袖在调查研究方面为我们树立了光辉典范。毛泽东同志是我们党调查研究的开创者和开拓者，提出了“没有调查，就没有发言权”“调查就像‘十月怀胎’，解决问题就像‘一朝分娩’”等著名论断，其调查研究思想为毛泽东思想的形成和发展奠定了坚实的实践基础。邓小平同志强调“我们办事情，做工作，必须深入调查研究，联系本单位的实际解决问题”，他在作决策之前，都要问问数字、算算细账。江泽民同志提出了“没有调查就没有决策权”的重要论断。胡锦涛同志要求各级领导干部要坚持开展系统的调查研究，了解真实情况，掌握工作主动权。习近平总书记把调查研究置于党和国家发展全局的战略高度予以看待，强调“调查研究不仅是一种工作方法，而且是关系党和人民事业得失成败的大问题”，“调查研究是谋事之基、成事之道”。在党的十九届一中全会上，习近平总书记指出，“正确的决策离不开调查研究，正确的贯彻落实同样也离不开调查研究”，并要求全党大兴调查研究之风。“正确的贯彻落实同样也离不开调查研究”，这与“没有调查就没有发言权”“没有调查就没有决策权”两个论断一道，逻辑紧密地联系为一个整体，使党的调查研究理论全面涵盖了发言权、决策权、落实权的全部链条。长期以来，习近平总书记坚持眼睛向下、脚步向下，深入开展调查研究，“当县委书记一定要跑遍所有的村，当地（市）委书记一定要跑遍所有的乡镇，当省委书记一定要跑遍所有的县市区”。《习近平谈治国理政》一书中记载：在正定，他跑遍了所有村；在宁德，他到任 3 个月就走遍了 9 个县，后来又跑遍了绝大部分乡镇；到任浙江后，他用一年多时间跑遍了全省 90 个县市区；在上海仅 7 个月，他就跑遍了全市19个区县；到中央工作后，他的足迹遍及31个省区市。党的十八大以来，习近平总书记深入社区、乡村、企业、学校、军队，察民情、访民意、问良策。习近平新时代中国特色社会主义思想，正是他在不断深入实际调查研究基础上形成的，源于实践又指导实践。

## 二、调查研究的根本原则：坚持实事求是

实事求是是党的思想路线的实质和核心。实事求是的“求”就是调查研究。调查研究的目的是揭示事物的真相及其内在的规律和联系，客观、真实是调查研究的生命。习近平总书记指出：“调查研究必须坚持实事求是的原则，树立求真务实的作风，具有追求真理、修正错误的勇气。”“调查研究一定要从客观实际出发，不能带着事先定的调子下去，而要坚持结论产生在调查研究之后，建立在科学论证的基础上。对调查了解到的真实情况和各种问题，要坚持有一是一、有二是二，既报喜又报忧，不唯书、不唯上、只唯实。”但“有些干部，不是不了解情况，也不是看不到问题，而是不愿正视现实，不敢讲真话，报喜不报忧。这些现象都是违背实事求是原则的。在调查研究中能不能、敢不敢实事求是，不只是认识水平问题，而且是党性问题。只有公而忘私，把党和人民利益放在第一位，才能真正做到实事求是”。党的十八

大以来，正是由于始终坚持实事求是原则，敢于直面问题，勇于攻坚克难，我们党才带领人民把中国特色社会主义事业不断推向前进。这启示我们，要坚决反对“四风”特别是形式主义、官僚主义，始终坚持实事求是，不断提高调查研究的实效。

## 三、调查研究的科学内涵或要旨：把握好“六个过程”

习近平同志2004年4月在富阳市调研时的讲话中提出了调查研究的“五个过程”，2011年11月在中共中央党校秋季学期第二批入学学员开学典礼上的讲话中又提出“调查研究的过程是领导干部提高认识能力、判断能力和工作能力的过程”。这“六个过程”简明而深刻地概括了调查研究的重大意义、科学内涵和基本要求，丰富和发展了马克思主义关于调查研究的理论。

调查研究是一个了解情况的过程。习近平总书记指出：“通过深入基层、深入实际、深入群众，我们可以了解群众在想什么、盼什么，最需要我们党委、政府干什么。从而，使我们的各项决策和工作部署，集中民智，体现民意，反映民情，做实一件事，赢得万人心，真正做到情为民所系，利为民所谋，权为民所用。”他强调，要多层次、多方位、多渠道调查了解情况，“真正搞清楚本地区本部门本单位的实际情况，真正搞清楚影响改革发展稳定的突出问题，真正及时了解人民群众的所思所盼”。

调查研究是一个联系群众、为民办事的过程。习近平同志在刚刚当选总书记后的十八届中央政治局常委与中外记者见面时指出，人民是历史的创造者，群众是真正的英雄，人民群众是我们力量的源泉，强调“要以人民群众利益为重、以人民群众期盼为念，真诚倾听群众呼声，真实反映群众愿望，真情关心群众疾苦”。他认为重视调查研究就是重视人民的主体地位、尊重人民意志、学习群众智慧，把调查研究提升到“坚持以人民为中心的工作导向”的高度来看待。调查研究也是实现决策权力和人民权利相统一、党性和人民性相统一的重要手段。习近平总书记指出，只有通过从群众中来、到群众中去的调查研究，“真正保持党同人民群众的密切联系”，才能“代表最广大人民的根本利益”，实现决策的民主化。在《之江新语》一书中，习近平总书记写道：“在对重大问题进行决策之前，一定要有眼睛向下的决心和甘当小学生的精神，迈开步子，走出院子，去车间码头，到田间地头，进行实地调研，同真正明了实情的各方面人士沟通讨论，通过‘交换、比较、反复’，取得真实可信、扎实有效的调研成果，从而得到正确的结论。”他强调，调查研究要“身入”更要“心到”，“真心实意地交朋友、拉家常，通过面对面交流，直接了解基层干部群众的所想、所急、所盼”。“既要听群众的顺耳话，也要听群众的逆耳言，这样才能听到实话、察到实情、收到实效”。只有通过这样从群众中来、到群众中去的调查研究，才能使各项决策和工作部署集中民智、体现民意、反映民情。

调查研究是一个推动工作的过程。习近平总书记指出，“一项决策作出后，光靠从会议到会议、从文件到文件，是不行的，也是解决不了问题的”，必须“政策实施后要跟踪反馈，发现问题及时调整完善”，“让改革发展稳定各项任务落下去，让惠及百姓的各项工作实起来，推动党中央大政方针和决策部署在基层落地生根”。他要求各级领导干部通过深入调查研究，对真实情况了然于胸，使工作有抓手、破题有办法。

调查研究是一个自我学习提高的过程。调查研究本身就是向群众学习、向实践学习的过程，是提高认识能力、判断能力和工作能力的过程，是加强党性锻炼、强化理想信念宗旨的过程。习近平总书记指出，经常调研“非常有益于促进领导干部正确认识客观世界、改造主观世界、转变工作作风、增进同人民群众的感情，有益于深切了解群众的需求、愿望和创造精神、实践经验”。

调查研究是一个科学决策的过程。调查研究是科学决策的前提和基础。多年前，习近平总书记在地方工作时就深刻指出：“调查研究的过程就是科学决策的过程，千万省略不得、马虎不得。”当前改革进入攻坚期和深水区，经济结构转型升级处于关键期，社会诉求多元、利益关系复杂，多种矛盾和问题交织叠加。只有通过深入调查研究，才能摸清具体情况，把准改革、发展、稳定脉搏，发现症结点、抓住结合点。正如习近平总书记所讲："情况搞清楚了，就要坚持从实际出发谋划事业和工作，使想出来的点子、举措、方案符合实际情况，不好高骛远，不脱离实际。"

调查研究的过程是领导干部提高认识能力、判断能力和工作能力的过程。领导工作，说到底是一个"决策—落实"的过程；领导者的职责，概括地说，就是作决策与抓落实。作决策需要调查研究，抓落实同样也需要调查研究。领导干部不论阅历多么丰富，不论从事哪一方面工作，都应始终坚持和不断加强调查研究。习近平总书记指出："现在的交通通信手段越来越发达，获取信息的渠道越来越多，但都不能代替领导干部亲力亲为的调查研究。因为直接与基层干部群众接触，面对面地了解情况和商讨问题，对领导干部在认识上和感受上所起的作用和间接听汇报、看材料是不同的。"他强调，"各级领导干部特别是高级干部要围绕经济社会发展重大问题加强学习和调研，提高把握和运用市场经济规律、自然规律、社会发展规律能力，提高科学决策、民主决策能力，增强全球思维、战略思维能力，做到厚积薄发"。而"通过深入实际调查研究，把大量和零碎的材料经过去粗取精、去伪存真、由此及彼、由表及里的思考、分析、综合，加以系统化、条理化，透过纷繁复杂的现象抓住事物的本质，找出它的内在规律，由感性认识上升为理性认识，在此基础上作出正确的决策，这本身就是领导干部分析和解决问题本领的重要反映，也是领导干部思想理论水平和工作水平的重要反映”。我国是个农业大国，有几千年的农耕文明史，虽然随着工业化、城镇化的深入推进，农业比重和农村人口比例不断下降，但农业农村农民问题始终是关系国计民生的根本性问题。习近平总书记指出，“不了解农村，不了解贫困地区，不了解农民尤其是贫困农民，就不会真正了解中国，就不能真正懂得中国，更不可能治理好中国”，他强调“各级领导干部一定要多到农村去，多到贫困地区去，了解真实情况，带着深厚感情做好扶贫开发工作”。

## 四、调查研究的基本要求：念好“深、实、细、准、效”五字诀

2003 年 2 月，习近平同志在浙江省委理论学习中心组学习会上的讲话中指出，“在调查研究工作中，一定要保持求真务实的作风，努力在求深、求实、求细、求准、求效上下功夫”。“深、实、细、准、效”，短短五个字蕴含了深刻的哲理和方法论意义。

“深”，就是“到基层调查，要一下到底，亲自摸情况，直接听反映，寻求‘源头活水’”。只有深入群众，深入基层，到田间地头去听民声、察民情、解民忧，才能得到第一手资料。“实”，就是作风要实，轻车简从，真正做到听实话、摸实情、办实事。“细”，就是要认真听取各方面意见，掌握全面情况。“准”，就是调查研究必须具有现实针对性和可行性，“要在调查的基础上进行深入细致的研究，进行一番交换、比较、反复的工作，把零散的认识系统化，把粗浅的认识深刻化，直至找到事物的本质规律，找到解决问题的正确办法”。“效”，就是“调研形成的建议必须兼顾需要和可能”，“提出解决问题的办法要切实可行，制定的政策措施要有较强操作性，做到出实招，见实效”。“衡量调查研究搞得好不好，不是看调查研究的规模有多大、时间有多长，也不是光看调研报告写得怎么样，关键要看调查研究的实效，看调研成果的运用，看能不能把问题解决好”。

调研务求“深、实、细、准、效”，这既是确保调查研究不流于形式、不浮于表面的客观要求，同时也是我们立足新时代、开拓新局面、开辟新境界的前提条件。坚持“深、实、细、准、效”的调研要求，就是要求我们从正在做和将要做的实际工作出发，把情况摸清楚，把群众所思所盼摸清楚，坚决摒弃“蜻蜓点水”式调研、“钦差”式调研、“被调研”、“嫌贫爱富”式调研，真正拜人民为师、向人民学习，真正把功夫下到察实情、出实招、办实事、求实效上。

## 五、调查研究的选题方向：做到“四个紧扣”

选题是调查研究的起点，选题方向是否正确、切入点是否恰当，往往决定调查研究的成败。要正确选题，必须增强问题意识、坚持问题导向。习近平总书记指出，“问题是时代的声音”，“我们中国共产党人干革命、搞建设、抓改革，从来都是为了解决中国的现实问题”。当今中国经济社会正在发生历史性变革，需要研究的问题很多，怎么才能选准调研方向和切入点？习近平总书记指出，“调查研究要紧扣人民群众生产生活，紧扣经济社会发展实际，紧扣全面从严治党面临的现实问题，紧扣贯彻落实党的十九大精神需要解决的问题”。这“四个紧扣”为我们指明了调查研究选题的基本方向。具体来说，应围绕以下几个方面来选题：群众反映强烈的问题，改革发展和现代化建设中的重点和难点问题，社会上关注的热点问题，领导同志近期比较关心的问题，各方面争议比较大的问题，带苗头性、倾向性和趋势性的问题，重大部署、重大政策出台前各方面的反映、实施中应注意的问题以及出台后的落实情况等。以上这些，一般都是党和政府关注的重点，从中选择和确定调研的具体题目，就比较容易引起决策层的重视并予以采纳，收到比较好的效果。

## 六、调查研究的思想方法：用好唯物辩证法

辩证思维贯穿于习近平总书记治国理政方略之中。他在十八届三中全会第二次全体会议上强调："在推进改革中，要坚持正确的思想方法，坚持辩证法。"搞调查研究也应如此。当前国内外形势错综复杂，各种矛盾相互交织，新情况新问题层出不穷，调查研究需要强化辩证思维，善于辩证分析，避免陷入形而上学，防止孤立、静止、片面地看问题。

首先，要透过现象看本质。经济社会现象是复杂多变的，其表现形式是多种多样的，作为调研者不要为一时一地的表象所惑，要善于抓住本质真相，"找到事物的本质规律，找到解决问题的正确办法"。其次，要坚持一分为二地看问题。既要看到有利的一面，也要看到不利的一面，善于在"危"中看到"机"、在"困"中找到"路"、在"难"中找到"解"。第三，要善于抓主要矛盾和矛盾的主要方面。当前我国改革发展稳定面临的矛盾和问题很多，调研者要善于从林林总总的矛盾中找出主要矛盾和矛盾的主要方面，而不能"眉毛胡子一把抓"。

第四，要用联系的发展的眼光看问题。调研者应该具有开放的胸怀和宽广的眼界，在全面把握不同领域、区域、要素的普遍联系中把握问题的本质，在继承与创造的有机统一中提高调查研究的前瞻性。

还有一个至关重要的思想方法是坚持走群众路线。群众观点是马克思主义的一个基本观点，群众路线是党的生命线和根本工作路线。调查研究的目的是为了解决问题，说到底就是一切为了群众；调查研究的过程，概括起来就是从群众中来，到群众中去。“从群众中来”就是“将群众的意见（分散的无系统的意见）集中起来”；“到群众中去”就是将收集起来的各种意见建议，“经过研究，化为系统的意见”，制定出符合群众利益的路线、方针、政策，再回到群众中去，即把党的路线、方针、政策交给群众，使之转化为群众的行动。习近平总书记指出，“调查研究成果的质量如何，形成的意见正确与否，最终都要由人民群众的实践来检验”，并在群众行动中考验这些意见是否正确。问题产生在基层，解决问题的智慧和办法也在基层、在群众中。只有基层群众最了解实情、最知道应该怎么办。正如毛泽东同志所说：“凡是忧愁没有办法的时候，就去调查研究，一经调查研究，办法就出来了，问题就解决了。”他在《〈农村调查〉的序言和跋》中说，做调查研究“第一是眼睛向下，不要只是昂首望天。没有眼睛向下的兴趣和决心，是一辈子也不会真正懂得中国的事情的”。习近平总书记强调，“好的方针政策都应该来自人民、顺应人民的意愿、符合人民的所思所想”，“要拜人民为师、向人民学习，放下架子、扑下身子，接地气、通下情，深入开展调查研究，解剖麻雀，发现典型，真正把群众面临的问题发现出来，把群众的意见反映上来，把群众创造的经验总结出来”。

## 七、调查研究的工作方法：注重“三性”、新老结合

工作方法是否得当，直接关系到能否掌握实际情况。在这方面，习近平总书记教给我们一套行之有效的办法。习近平总书记指出，“我们党有着丰富的调查研究经验，在长期的实践中形成了许多行之有效的调查研究方法，如召开调查会、研讨会、走访调查、蹲点调查、典型调查、实地考察等，我们要在新时期加以继承和完善”。他强调：“要注重调查研究的广泛性，避免盲人摸象，以偏概全、以点代面，只见树木、不见森林；要注重调查研究的针对性，围绕中心、贴近实际，忙在点子上、谋到关键处；要注重调查研究的有效性，不仅要重调查，更要重分析研究，能够综合提炼、见微知著、管窥全豹。”

中国特色社会主义进入新时代，面临的国内外环境条件正在发生深刻变化，对调查研究工作提出了新要求。比如，我国互联网已渗透到经济社会发展的方方面面，网民数量大量增加。2016年4月19日，在网络安全和信息化工作座谈会上，习近平总书记指出：“网民来自老百姓，老百姓上了网，民意也就上了网。”“对网上那些出于善意的批评，对互联网监督，不论是对党和政府工作提的还是对领导干部个人提的，不论是和风细雨的还是忠言逆耳的，我们不仅要欢迎，而且要认真研究和吸取。”要适应新形势新情况特别是当今社会信息网络化的特点，进一步拓展调研渠道、丰富调研手段、创新调研方式，学习、掌握和运用现代科学技术含量高的调研方法，如问卷调查、统计调查、抽样调查、专家调查、网络调查等，要根据调研任务和要求的不同，采用不同的调研方法，大胆创新，多管齐下，提高调研工作的效率和科学性。

## 八、对政策研究部门调研的特别要求：围绕中心、服务决策

作为各级党委和政府决策的参谋和助手，政策研究部门承担着调查研究的重要职责。要履行好这些职责，必须准确把握好定位。习近平总书记指出：“一般的

调查研究，是为了了解基层的实情，增进同群众的感情，但政策研究部门要求要更高一点，不仅要重调查，更要重研究，我曾经说过‘关键是调查后要善于研究，抓点时要善于管窥全豹，跑面中要能够见微知著，综合提炼’。”他强调，要“贴近实际、贴近群众、贴近决策，忙在点子上，谋在关键处，做到有的放矢，事半功倍，富有成效”。“政策研究部门的同志就是要有抓住重点、找准典型的敏感性，发扬锲而不舍、刨根问底的钻研精神。同时，政策研究部门的调查研究，既不是纯粹的理论研究，也有别于具体的工作部署，而是一种理论与实践相结合的对策性应用研究，必须强调‘研以致用’。正所谓‘文可载道，以用为贵’。具体来说，调研的选题必须‘围绕中心工作’紧扣现实工作需要，出发点是为党委、政府工作提供所需的对策建议，落脚点是解决经济社会生活中的具体问题；调研的视野必须宽广开阔，既要预见潮流所在和大势所趋，又能看到‘风起于青萍之末’的苗头性、倾向性问题；调研的过程必须是去粗取精、去伪存真、由此及彼、由表及里的精心分析和研究的过程，要能够抓住事物的本质和症结所在，反映事物的全貌和特征，找到解决问题的有效办法和途径，切忌浮光掠影，主观臆断，孤立地、静止地、片面地观察事物、研究问题；调研形成的建议必须兼顾需要和可能，提出切实可行的具体措施。有些对策建议看似正确，却因难以实际操作，只能束之高阁”。

国务院研究室承担着综合性政策研究、决策咨询和《政府工作报告》等重要文稿起草任务，我们要认真学习领会习近平总书记关于调查研究重要论述特别是对政策研究部门提出的要求，紧紧围绕党和国家的中心工作，深入实际调查研究，全面正确履行好职责，以笔杆子报效党和人民。

（作者系国务院研究室党组书记、主任）

**编者按：**当前脱贫攻坚已到关键阶段，贫困地区脱贫和经济社会发展状况如何？还面临什么问题和挑战？有哪些经验做法值得复制推广、哪些政策举措需要完善优化？围绕这些问题，在2018年8月初，黄守宏主任、郭玮副主任带领24名同志、分成9个小组，对我室定点扶贫县——河南省淅川县开展了“解剖麻雀”式的专题调研。其间，召开各类座谈会18场，与百余名县乡干部、驻村第一书记、企业负责人进行了单独访谈交流，走访了几十个贫困户，获得了大量第一手资料。同时，对全国脱贫攻坚面上情况也做了调研。在此基础上，形成了20余篇系列调研报告。按照“从全国看淅川、从淅川看全国”的思路，报告对全国以及淅川的脱贫攻坚和经济社会发展提出了一些意见与建议。

# 关于深入推进脱贫攻坚加快补齐发展短板的主要看法和建议

## ——脱贫攻坚专题调研系列报告之一

马志刚　李攀辉　贺达水

淅川是国家扶贫开发工作重点县、河南省4个深度贫困县之一、南水北调中线工程渠首所在地、国家重点生态功能区，农村贫困人口多、贫困程度深，脱贫制约因素多、难度大。近几年，按照党中央、国务院决策部署，淅川县大力推进脱贫攻坚，积极发展县域经济，呈现出经济较快增长、人民生活显著提升、生产生活条件明显改善、脱贫进展加快的良好态势；农民收入增长速度高于全国和全省平均水平，去年达到11094元；建档立卡贫困人口由71810人减至去年的44408人，脱贫攻坚走在全省前列。目前，淅川贫困人口"两不愁三保障"基本实现，去年贫困户人均纯收入为3597元（现价，下同），高于全国扶贫标准。淅川计划明年脱贫"摘帽"，我们接触到的当地干部群众对此充满信心。从全国看，只要各地不折不扣贯彻执行党中央、国务院决策部署，如期打赢脱贫攻坚战是有把握的。但也要看到，当前贫困地区脱贫还面临着一些共性问题和挑战，经济社会发展仍有不少短板弱项，制约稳定脱贫和长远发展的根本因素尚未彻底消除，一些潜在风险隐患和苗头性问题值得高度关注。现将调研形成的主要看法和建议摘要综述如下：

**第一，坚持严格执行现行扶贫标准。**“两不愁三保障”作为现行扶贫的基本标准，符合国情和发展阶段。但一些地方存在着脱离实际、相互攀比、层层加码的不良倾向。比如，有的给全部贫困人口“免费盖新房”、医药费100%报销、人口稀少村建大广场，有的对贫困户子女实行15年免费教育，等等。这既增加了地方财政负担、影响持续发展能力，也造成个别贫困户产生“等靠要”思想，还引发了非贫困户特别是边缘户的心理不平衡。建议严格按照“既不降低标准，也不吊高胃口”要求，对各地自行设置的扶贫标准进行检查评估。对擅自拔高标准的，要坚决予以纠正。

**第二，加快补齐基础设施和基本公共服务短板。**目前贫困地区基础设施总体落后，尤其是一些偏远地区，路、水、电、宽带不通问题突出，很多地方没有污水、垃圾处理设施。同时，已建成的各类设施普遍存在质量不高、“重建轻管”等现象，乡村公路管护和污水、垃圾处理厂运营等经费严重不足。在当前国际形势复杂、国内经济出现新的下行压力情况下，加大贫困地区基础设施建设力度，具有助扶贫、稳投资、扩内需、促升级等一石多鸟之效。建议优先启动连接贫困地区的重大交通工程，加快实现贫困地区电网升级、4G网络和宽带覆盖，加强贫困地区生态工程和污水、垃圾处理设施建设。同时，创新投资运营管护机制，充分发挥社会资本作用，提高设施运维水平。

**第三，大力提升扶贫产业发展质量。**近几年贫困地区打造了不少扶贫产业，成为脱贫攻坚和经济发展的重要支撑。但有些地方的扶贫产业大都聚集在农业种养初级环节，很多是短平快项目，同质化问题严重，市场风险较大，有的缺乏可持续性，贫困户参与度也不够高。相比之下，淅川等地确立“短中长”产业相结合的发展思路，着力培育若干龙头企业，在带动脱贫上既注重分享收益又注重引导参与，较好兼顾了当前和长远需求。建议引导更多贫困地区按照短中长相结合原则，合理规划扶贫产业发展和布局，延长优势产业链条。研究出台有针对性的财税、投融资、人才引进与培养等优惠政策，支持发达地区劳动密集型产业向贫困地区转移，鼓励知名电商平台向贫困地区扩展业务。

**第四，加大改革力度**。与发达地区相比，贫困地区“硬件”先天不足，无论是脱贫攻坚还是促进发展，更应在深化“放管服”改革、优化营商环境等“软件”上先人一步，以激发市场活力和社会创造力，吸引外来投资，增强内生发展动力。但调研发现，不少贫困地区在这方面改革的力度不够大，改革政策落实不到位、不衔接等问题突出，主动对标先进的“自选动作”也不多，办事效率不高，发展“软环境”欠佳，新增市场主体增长速度远低于全国平均水平。建议加大激励和督查力度，推动贫困地区实施更大力度的简政放权，强化基层监管力量，优化政府服务，为脱贫发展、创新创业清障开路。同时还要看到，贫困地区市场主体发育不足，放权要与培育市场主体结合起来；信息网络设施落后，推进“一网通办”等优化服务举措面临困难，有关方面要在改善贫困地区网络等基础设施方面予以大力支持。

**第五，着力办好义务教育**。教育在促进经济社会发展、阻断贫困代际传递中具有基础性作用。贫困地区义务教育发展水平总体滞后，但也有不少地方办出了较高质量的教育。比如，淅川县小学和初中入学率、巩固率均高于全国平均水平，高考成绩在南阳市位居第一。这是当地长期重视和支持教育的结果。其中有两件事令人印象深刻：一是近几年该县义务教育教师年均收入比公务员高5000元以上,最多时高出四分之一,有力调动了教师积极性。二是彻底解决了教师“在编不在岗”问题。针对一线教师严重不足而又大量被机关单位长期借用这一“老大难”问题，2016年该县开展专项治理，仅两个月被借用的992名教师就全部返回教学岗位，占全县在编教师的六分之一多。近几年，国家在义务教育经费保障、校舍和教学设施建设等方面采取了一系列重要举措，并向贫困地区倾斜，能否办好教育，关键取决于地方各级党委和政府的认识、决心和行动。建议进一步采取措施，推动各地把教育优先发展战略落实到位，对当前大部分地区未能落实“义务教育阶段教师的平均工资水平不低于当地公务员”问题，要督促相关地方限时整改。鉴于教师“在编不在岗”等问题在贫困地区乃至全国很多地方普遍存在，建议在全国开展一次排查清理专项行动，坚决将被借用的教师全部归位。这对缓解当前教师短缺矛盾具有重要作用，属于不花钱办大事的举措。

**第六，强化健康扶贫。**目前贫困地区看病难看病贵仍很突出，群众医疗负担较重，是致贫返贫的主要因素之一。针对一些地方基层医院建得很好但缺乏医务人员、城市医院挤占乡镇医务人才现象严重等问题，建议率先在贫困地区开展远程医疗工程建设，尽快制定远程医疗服务付费标准并将其纳入医保报销范围；加快推进贫困地区医联体或医共体建设，解决县里医生不肯去农村、乡村医生向城里跑的问题。针对贫困地区公立医院债务重、医务人员薪酬待遇和公立医院服务价格低等问题，建议中央财政调整对县级公立医院改革的补助标准，对贫困地区深化医改给予适当政策倾斜和财政支持。在因病致贫返贫中，慢性疾病居首位。针对一些慢性病门诊治疗用药医保不予报销或报销比例很低，导致患者负担沉重结果拖穷全家等问题，建议率先在发病率较高的高血压和糖尿病治疗上，对农村患者用药给予专项保障。据测算，专项保障只需约 200 亿元即可惠及 1.5 亿人。这方面各地已有不少探索，如淅川县通过对高血压、糖尿病实行用药保障，解决了农村 70%以上的因病致贫返贫问题。

**第七，确保扶贫搬迁“稳得住”**。现在全国易地扶贫搬迁任务进展顺利，“搬得出”问题得到较好解决，但“稳得住”的问题凸显出来。有的地区因安置条件差，造成移而不搬、搬而难安，有的地区重搬迁、轻扶贫，还有的地区搬迁户难以融入新社区。建议当前和今后一个时期应把重点放在确保“稳得住”上。要强化基础设施建设、完善公共服务配套，改善“稳得住”的条件；强化搬迁后续帮扶，促进搬迁户脱贫增收，提升“稳得住”的能力，实现“挪穷窝”与“换穷业”并进、安居与乐业同步；强化社区管理，落实保障政策，改善“稳得住”的社会环境。

**第八，完善保障性扶贫措施**。脱贫攻坚越往后，贫困人口中老人、重病患者、重度残疾人等失能人口和弱劳动能力人口的比例越高，做好这些人口的保障性扶贫对于如期脱贫、稳定脱贫至关重要。保障性扶贫有多种方式、多条路径，但当前一些地方存在着过于依赖低保兜底的倾向，有的甚至一兜了之。建议鼓励各地因地制宜探索保障性扶贫方式，如资产收益扶贫、推行互助养老、为贫困孤寡老人建共有产权住房等，逐步建立综合性、可持续的保障体系。

**第九，加强财政金融支持**。这几年各级财政扶贫资金规模大幅增加，只要管好用好，可以满足脱贫攻坚需要。针对一些地方存在的扶贫资金使用不当、管理不严、效率不高等问题，建议引导贫困地区围绕完成现行扶贫标准下的脱贫任务，进一步完善相关制度、加强绩效管理，确保扶贫资金用于解决最突出的问题上。贫困地区保工资、保运转、保民生支出压力大，产业发展和公共服务设施建设资金缺口也大。建议持续加大贫困地区财政资金投入，适当提高负债不高地区的政府债务限额，扩大一般债券和专项债券规模。针对贫困地区普遍存在的融资难融资贵问题，建议调整改进相关政策和金融监管，对贫困地区县级银行分支机构设定存贷比下限监管指标，完善政策性担保体系，优化信用环境。同时，要加强贫困地区财政金融风险的防范化解。

**第十，更好动员社会力量参与脱贫攻坚。**对电力、电信等一些垂直管理的部门和企业，上级单位应指导要求贫困地区分支机构主动服务脱贫攻坚大局，加大建设力度。东西部扶贫协作和对口支援要把重点放在产业帮扶、劳务协作、人才支援、市场开拓等方面，鼓励合作建设承接产业转移基地。完善政府购买服务、民办公助、捐赠税前扣除等政策，为社会力量在贫困地区扩大投资、参与扶贫提供便利。加强贫困村基层基础建设，把基层组织建设与促进产业发展结合起来。

**第十一，改进脱贫攻坚考核监督。**现在一些地方在对基层脱贫攻坚工作的考核监督，过于注重过程，事事要求有记录、留痕迹，给基层带来了很大负担。建议认真总结近年来的脱贫攻坚考核评估工作，立足“两不愁三保障”，加快出台基层好理解、易操作，简洁明了、客观公正的考核评估实施办法。对一些地区出台的过于繁琐或形式主义色彩较浓的考核办法，应要求其实事求是地调整优化，同时严禁多头考核、搭车考核，切实发挥好考核“指挥棒”的导向作用。

**第十二，统筹谋划后续扶持政策。**随着贫困县逐步脱贫退出，基层干部群众都很关心脱贫攻坚期帮扶措施能否延续问题。很多人认为，这些年贫困地区脱贫和发展成果是建立在国家强有力的倾斜政策支持和各方面帮助之上的，贫困县摘帽之后，如果这些帮扶措施退出，部分脱贫人口可能会重新返贫，部分贫困县经济发展可能会出现“断崖式”下降。鉴于贫困县摘帽后经济社会发展仍然相对落后，需要继续加强支持，建议及早明确脱贫攻坚任务完成后，攻坚期内在贫困县实施的主要政策取向不变、支持力度不减，东西部扶贫协作和对口支援、机关企业定点扶贫等措施继续延续，同时将根据脱贫后经济社会发展要求，调整政策支持的方向和重点，完善相关对口支援和协作机制。这样就给贫困地区干部群众吃了一颗“定心丸”，也使社会各方面对帮扶有长远打算。

# 脱贫攻坚的进展、挑战及建议

## ——脱贫攻坚专题调研系列报告之二

贺达水　李攀辉　马志刚

对淅川等贫困地区的调研显示，脱贫攻坚正在推动贫困地区整体面貌发生巨大变化，贫困群众获得感显著增强。下一阶段，贫困地区应在继续集中力量完成脱贫攻坚目标任务前提下，加快推进产业培育与产业升级、政府主导与市场决定、外部支持与内生发展、脱贫攻坚与乡村全面振兴的“四个衔接”，夯实长远发展根基，促进经济社会持续健康发展。

### 一、脱贫攻坚正引领贫困地区发生历史性巨变

党的十八大以来，以习近平同志为核心的党中央把扶贫开发纳入“五位一体”总体布局和“四个全面”战略布局，制定实施精准扶贫精准脱贫基本方略，集中全党全社会力量推进脱贫攻坚。在各方面共同努力下，贫困地区经济持续较快增长，贫困人口大幅减少，生产生活条件明显改善，办成了很多过去想办而没有办成的大事，在稳定脱贫道路上迈出了坚实步伐。一是基础设施短

板加快补齐。坚持加大交通、水利、电力、通信等领域投入，推动贫困地区基础设施水平由薄弱落后转向全面提升，打破了长期以来的发展瓶颈制约。比如，淅川全县140个贫困村已全部通硬化路、通水、通电、通宽带，不少贫困村还修缮了老旧危房，新建了污水、垃圾处理设施。二是产业发展支撑得到加强。坚持把产业扶贫作为重要途径，既大力扶持改造种植、养殖等传统产业，又积极引入电商、光伏、乡村旅游等新兴产业，推动贫困地区产业结构由传统单一转向多业并兴，自我造血功能和发展活力明显增强。比如，淅川创新推进产业扶贫“短中长”三线结合，既确保贫困户短期能增收脱贫，又为其长远逐步致富创造条件。三是社会事业差距明显缩小。坚持公共资源向贫困地区倾斜配置，义务教育、医疗卫生、社会保障等加快发展，基本公共服务均等化取得突破性进展。比如，淅川构建基本医保、大病保险、大病补充保险、医疗补助、社会救助“五道防线”，大大减轻了贫困户患病负担；义务教育入学率、巩固率均高于全国平均水平。四是乡村治理基础日益巩固。针对过去贫困地区各类人才短缺、部分基层组织软弱涣散等突出问题，积极选派机关干部驻村帮扶，组织技术人员、致富能手与贫困村户结对，鼓励外出务工人员、退伍军人等返乡创业，扭转了农村人才外流、短缺匮乏的局面，推动基层组织建设和治理体系不断健全。比如，淅川抽调557名干部组成185支扶贫工作队，组织5400多名行业精锐参与入户帮扶，在脱贫攻坚中发挥了不可或缺的作用。

脱贫攻坚给贫困地区和贫困群众带来的变化具有里程碑意义，彰显了中国特色社会主义的政治优势和制度优势。在脱贫攻坚过程中，还形成了很多有价值的“副产品”。比如，给贫困地区留下了五级书记抓工作落实的领导体制，留下了强化考核监督促真抓实干的工作机制，留下了现代市场经济的理念和实践，留下了忠诚履职敢打硬仗的干部队伍，留下了大公无私甘于奉献的工作作风，留下了自力更生艰苦奋斗的拼搏精神，留下了扶贫济困崇德向善的时代美德，等等。这些无形的制度成果和精神财富弥足珍贵，是今后贫困地区继续发展前行的重要动力之源，值得进一步传承和弘扬。

## 二、继续推进脱贫攻坚面临的新问题新挑战

在脱贫攻坚取得决定性进展之后，当前贫困地区仍面临着一些共性问题和挑战。从不同地区反映的情况看，主要表现在以下几个方面。

第一，剩余贫困人口脱贫难度更大。预计到2018年底，全国贫困人口有望降到2000万左右，贫困发生率相应降到2%左右。届时全国贫困县将累计退出420多个（2018年脱贫县待2019年核查评估后退出），脱贫摘帽数量过半。目前贫困问题主要集中在深度贫困地区和特殊贫困人口。截至2017年底，334个深度贫困县有贫困人口1107万人，贫困发生率11.3%；3万多个深度贫困村中，有1.67万个贫困发生率超过20%。剩下的贫困人口，很多是残疾人、孤寡老人、长期患病者等特殊贫困群体，以及教育文化水平低、缺乏技能的贫困群众。像淅川县现有贫困人口中，低保、五保贫困户占比达69.9%，因病因残致贫人口比例超过68%，80%以上的贫困人口生活在深山区、石山区和库区。

第二，稳定脱贫基础不牢。这在产业扶贫上表现尤为明显。目前不少地方扶贫产业多集中在农业种养初级环节，产业同质化严重，配套设施和服务没跟上，不仅产品附加值偏低，而且很容易因市场波动、产品集中上市等影响贫困户收入。比如一些地方

这几年林果种植面积快速增长，但冷藏保鲜、精深加工等配套设施不足，品牌培育、信息服务等有待加强，如何在“种得出”基础上“卖得好”、让群众持续增收受益，需要及早部署。一些地方依托制造业等设立的扶贫车间，不少也只是进行简单加工，规模小、技术弱、效益低，能否成为中长期支柱产业存在较大变数。过去不少贫困地区依靠劳务输出，使部分贫困群众实现了初步脱贫，但受内外环境变化等多重因素影响，2018 年以来沿海地区不少承接劳动力转移的中小企业已经出现减少用工苗头，一些外出务工的贫困群众稳定就业的压力陡增。

第三，内生动力依然不足。采取超常规举措，加强外部支持，是很多地方脱贫攻坚能够取得决定性进展的关键所在。目前部分贫困地区、贫困群众对外部支持的依赖度较高，主体意识和内生动力仍然不强。调研中了解到，帮扶干部承担了大量工作，包括谋划脱贫路径、落实帮扶举措等，一旦扶贫工作队撤回，贫困村很可能又恢复无人干事、不会办事的状态。有的贫困地区设立了较多的护林员、护草员、护路员、护水员、保洁员等扶贫公益性岗位，财政支出不菲。在不少地方，乡村旅游、特色农业等一些脱贫产业，名义上贫困群众也占有股份，但运营基本依靠外部企业，群众主要通过土地流转、务工和分红获得收入，几乎不参与企业经营管理。

第四，考核监督有待改进。不少基层同志反映，现在对脱贫攻坚的考核监督过于注重过程，事事要求有记录、留痕迹，评估检查主要是查档案、翻卷宗，反而忽视了对扶贫实际效果的评价，有时甚至简单轻率下结论。这种考核监督方式，导致基层要花很大精力准备材料、算账、签字等，甚至于培训贫困户如何答题。调研中了解到，淅川县的一个贫困乡镇，用于与准备材料相关的支出占到了当年财政收入的三分之一。很多扶贫干部抱怨，现在干部填表任务没有减轻，原来叫“明白卡”，现在变成了“明白书”，而且还要求每一张都要用笔填写，即使同样的表格也不能复印。地方层层加码、花样繁多的过程检查，导致贫困县乡村基层干部负担很重，影响脱贫质量和实效。

第五，部分地区扶贫标准偏高。中央反复强调，要坚持现行扶贫标准，既不降低标准，也不吊高胃口。但一些贫困地区存在扶贫标准脱离实际、层层拔高的问题。比如，有的对贫困群众看病报销比例达到 100%，对贫困户子女上学实行 15 年免费教育，甚至考上大学还发放助学金；有的贫困地区要求贫困村退出贫困发生率必须在 2% 以下，贫困户必须改窗改水改厕才算脱贫，等等。这种现象，使得贫困户与非贫困户特别是贫困边缘群体之间、贫困村与非贫困村之间极易相互攀比，也使得个别贫困户产生“等靠要”思想，造成事实上的“养懒汉”，还带来财政补助难以持续等问题。

调研中还发现，有的贫困地区存在大量举债搞扶贫、“寅吃卯粮”过度透支财力的做法，有的贫困地区过度依赖低保兜底来完成脱贫目标。这些给今后造成了潜在的财政金融风险隐患，需要未雨绸缪。

## 三、适应脱贫攻坚新形势新变化推进“四个衔接”

总体来看，尽管脱贫攻坚任务依然艰巨，但与前几年相比，各地的帮扶资金更多、措施更实、经验更足、机制更成熟，并且全国所有区县农村低保标准均已高于国家扶贫标准，兜底能力更强。按照现有政策和工作力度，实现现行标准下的贫困人口脱贫目标、全面打赢脱贫攻坚战，是完全能够做到的。下一步，应坚持以脱贫攻坚统揽贫困地区经济社会发展全局，延续这几年经实践检验行之有效的体制机制、政策举措、工作方式方法，保持脱贫攻坚工作总体稳定；同时，根据脱贫攻坚形势变化，进一步调整优化扶贫政策举措，既要注重脱贫进度也要更加注重脱贫质量，既要努力实现脱贫目标也要着手谋划贫困乡村长远振兴。要注意做好“四个衔接”。

（一）做好产业培育与产业升级的衔接。加快培育新动能，实现新旧动能接续转换，将产业扶贫的“一时之益”转化为“长期之效”，是贫困地区和贫困群众长期稳定脱贫的必由之路。要发挥好贫困地区在资源环境、劳动力等方面的特色优势，适应新需求，做大劳动密集型产业，发展农产品精深加工、现代流通，开发乡村旅游、生态康养等新产业新业态，推进一二三产业融合。要回答好“市场在哪儿”这一问题，真正以市场需求为导向，用“互联网 +”等新理念新模式拓宽市场渠道。要规划好区域产业布局，着眼未来、远近结合，有力有序推进，实现短期能脱贫、中期助巩固、未来可持续。

（二）做好政府主导与市场决定的衔接。调研中一些基层干部和群众担心，2020 年攻坚期结束后，一旦扶贫工作回归常态，脱贫倾斜政策取消，脱贫持续性就可能打问号。当前推进脱贫攻坚，必须坚持政府主导，加大资金投入和政策支持。应继续把贫困地区基础设施建设作为重要领域，加大“四好农村路”建设、农田水利工程建设、电网改造升级、宽带网络建设等方面的投资，这可以收到扩内需、补短板、促脱贫等“一石三鸟”之效。今后促进贫困地区长远可持续发展，归根结底要靠市场力量。在脱贫攻坚后半程，应更加注重政府主导与让市场发挥决定性作用相结合。一是培养市场意识，不搞送钱送物的简单帮扶，提高贫困群众参与市场竞争的意识和能力，加强产业发展必需的基础设施建设，推动贫困地区更好融入大市场。二是培育市场主体，支持农民专业合作社、能人大户、龙头企业等新型经营主体发展，积极吸引外部企业前来投资兴业。三是优化市场环境，深化“放管服”改革，清理减少行政审批事项，加强事中事后监管，提升政务服务效能，建立公平竞争、优胜劣汰的市场环境。

（三）做好外部支持与内生动力的衔接。授人以鱼，不如授人以渔。一是优化帮扶政策举措，能让群众干的扶贫项目尽量让群众自己干，引导群众投工投劳建设自己的家园，避免脱贫攻坚对贫困乡村自身发展的“挤出效应”，防止助长“等靠要”现象。二是加强创业就业技能技术培训，让贫困农民获得长久脱贫之技，走上稳定脱贫之路。像发展乡村旅游扶贫，群众对厨艺、旅游服务、农家乐经营等培训需求强烈，应有针对性地开展培训，帮助他们更好经营发展、服务游客。三是发展壮大贫困村集体经济，在产业扶贫中对集体收入应有所安排，为村集体经济长远发展开辟稳定渠道，形成良性循环。四是注重培养本乡本土人才和致富带头人，强化返乡人员创业、担任村干部等支持政策，激励返乡人才扎根乡村、服务乡村。此外，在符合政策大方向的前提下，赋予地方落实政策更多的自主权与灵活性，鼓励县乡村基层从实际出发大胆探索实践，积极创新扶贫方式方法，创造性地开展工作。

（四）做好脱贫攻坚与乡村振兴的衔接。当前贫困地区正处于脱贫攻坚和实施乡村振兴战略的交汇期，随着贫困县逐步脱贫退出，推进两者的衔接过渡已非常迫切。一是做好规划统筹。贫困县正在制定实施乡村振兴规划，应把脱贫攻坚规划待完成的任务、工程、项目等纳入进去，继续予以资金支持，同时要研究如何巩固好脱贫成果，对脱贫攻坚期间建设的产业扶贫、基础设施、公共服务等项目，应安排后续支持，使其长久发挥作用。二是做好政策统筹。贫困县脱贫之后，经济社会发展仍然相对落后。应继续把摘帽县作为乡村振兴的重点来抓，把延续的倾斜支持政策尽早明确下来，给贫困县吃“定心丸”。三是做好工作统筹。对攻坚期内实施的易地扶贫搬迁、产业扶贫、劳务扶贫等重点举措，应安排好后续工作。四是做好群体统筹。调研中县乡村干部普遍反映，针对收入接近贫困户的非贫人口的扶持政策较少，这些群体生活质量处在“可上可下”的边缘，和脱贫户生活水平形成一定反差，当前涉贫信访中很大比例是这些边缘群体。已脱贫县应加大农村普惠性公益事业和公共设施的投入，培育特色产业，使农村非贫人口也能参与并受益。

## 四、对解决当前一些突出问题的建议

一是在着力解决剩余贫困人口脱贫的同时，有效防止返贫和产生新的贫困。到2020年之前，继续把解决现行标准下贫困人口脱贫作为主攻目标，确保焦点不散、靶心不变，同时注重巩固脱贫成果，下大力气解决好返贫、新贫等问题。研究出台防止返贫的一揽子政策举措，包括完善救助体系、引入保险机制等。支持有条件的贫困县将整合的涉农资金，统筹用于解决贫困村与非贫困村的基础设施和公共服务，允许已脱贫县采取适当方式支持边缘群体发展产业、实现就业。对一些垂直管理的部门和单位如电力、电信等，上级单位要指导要求其围绕贫困县脱贫攻坚规划，加大建设支持力度，更好发挥作用。

二是出台简便易行的脱贫攻坚考核评估实施办法。认真总结近两年的脱贫攻坚考核评估工作，立足“两不愁三保障”，加快出台基层好理解、易操作、简洁明了、客观公正的考核评估实施办法，摒弃重过程轻结果评价的考核方式，严禁多头考核、搭车考核，不能单纯以群众满意度高低“论英雄”。对一些地区出台的脱离实际、标准过高、过于繁琐的考核办法，应要求其实事求是地调整优化，发挥好考核“指挥棒”应有的作用。鼓励各地积极创新考核评估操作方式，比如，取交叉考核与第三方评估两者之长，将熟悉扶贫政策和实践的相关部门同志，与高校师生等第三方评估力量进行混编，使考核评估工作更契合实际。

三是切实减轻基层监督检查负担。采取果断措施，坚决刹住脱贫攻坚领域各级各类监督检查过于频繁的问题。对各级各部门开展监督检查的频次、时间、方式进一步提出要求，明确每年不得检查的时间段，明确内容相近的监督检查应整合实施。有关部门应加强信息共享，探索利用大数据手段分析研判基层扶贫实效，能利用现有数据的不得要求贫困乡村基层反复提供，为基层扎实开展帮扶创造必要的条件。地方党委和政府应加强对脱贫攻坚监督检查工作的统筹，对搞走马观花、形式主义、缺乏实效的“监督检查”，应追究相关人员责任。

四是重视贫困县乡村干部积极性问题。脱贫攻坚责任重、任务重，基层扶贫干部工作压力大、付出多，“弦”始终紧绷着，时间一长不可避免地会出现厌战、懈怠等消极情绪。调研中不少基层扶贫干部还反映，脱贫攻坚是一项政治任务，上级部门往往要求约束多，追责问责有余，激励关爱不足。解决好基层干部积极性问题，对于做好后半程脱贫攻坚工作至关重要。建议坚持脱贫实绩导向，对表现突出的贫困县、贫困乡镇的党政正职，在明确不脱贫不脱钩的前提下，应明确提职提级等激励政策。加大对贫困村干部关爱力度，参照第一书记等标准，给贫困村干部购买意外险。适当提高贫困县基层干部工资待遇。参照民族边疆地区的定向生制度，为贫困地区培养本土人才。

五是有效防范化解扶贫领域各类风险。越到脱贫攻坚最后关头，越要注意防范化解各类风险。防范化解金融风险，严格规范扶贫小额信贷发放，不搞“户贷企用”，禁止用于修建房屋、购置家电等生活消费，严防“因债返贫”。防范化解财政风险，对一些贫困地区已经利用城乡建设用地增减挂钩政策，通过拆旧复垦节余指标交易获得收入，应明确优先偿还易地扶贫搬迁贷款本息，防止地方政府还款不积极，把矛盾往后推，成为财政沉重包袱。防范化解过度兜底风险，应明确要求纠正全额报销医药费等超出当前发展阶段的做法，减轻未来发展负担。

# 更好发挥基础设施在脱贫攻坚区域发展中的先导和支撑作用

## ——脱贫攻坚专题调研系列报告之三

牛发亮　李宏军

推进脱贫攻坚和区域发展，基础设施要先行。近年来，淅川县坚持以基础设施建设带动脱贫攻坚、围绕脱贫攻坚谋划基础设施建设，既取得了明显成效，也遇到一些突出问题。我们通过调研认为，贫困地区基础设施“建什么”“如何建”，关键要立足加快发展增强“带动力”，立足加强统筹提高“支撑力”，立足建管并重夯实“稳定力”，立足改革创新增添“保障力”，更好促进打赢精准脱贫攻坚战。

### 一、加大资金和政策倾斜，支持贫困地区补齐发展短板，增强对脱贫攻坚的“带动力”

贫困地区受财力薄弱等因素所限，基础设施普遍比较落后。近年来，为加快县域经济发展，如期完成脱贫攻坚任务，淅川县创新体制机制，多方筹集资金，建成了一批重大工程，城乡基础设施水平明显提升，对支撑产业发展、改善城乡面貌、助力精准脱贫等发挥了多重带动效应。但总体看，当前县域基础设施仍不能适应快速发展需要，突出表现为：一是与产业发展需要不相适应。淅川地处豫鄂陕三省接合部，县城不通高速公路、铁路，县域交通运输网络尚未做到外通内联、通村畅乡，难以适应产业发展后大宗物流、人流的快速集输。二是与新动能成长需要不相适应。“互联网 +”已成为激活农村发展潜力的重要支撑，但部分偏远村庄没有手机信号；还有不少自然村没有通宽带，通了的网速也比较慢，“网路”成为一大制约。三是与优化营商环境需要不相适应。与发达地区相比，贫困地区由于人居环境相对较差，对外部资金、人才等要素资源的吸引力普遍不高。比如，某乡镇干部反映，有客商想依托当地山水资源投资兴建一个书画院，结果坐车颠簸几小时才来到选址地点，看到附近村庄污水横流、垃圾围村，第二天一声不吭就离开了。

贫困地区基础设施是短板中的短板，着力补齐既有利于加快贫困地区发展、更好带动脱贫攻坚，也有利于扩大内需、为全国经济平稳运行增添动力，是一举多得、迟早要干的事。建议加大资金政策倾斜，支持补齐制约发展的突出短板。一是补齐重大交通短板。建议增加中央财政投入，优先支持连接贫困地区的铁路、高速公路、国省干线等重大线性工程建设。同时，利用“十三五”规划调整时机，把更多对边远贫困地区发展具有重大带动效应的外通内联项目纳入规划，及早开展前期工作、启动建设。二是补齐电信基础设施短板。建议增加对贫困地区电信基础设施投入，提高 4G 网络和宽带网络自然村覆盖率，鼓励基础电信企业出台针对贫困地区和贫困群众的资费优惠政策，更好助力新动能成长，释放贫困地区发展潜力。三是补齐人居环境短板。调研中感到，现在基层对人居环境整治越来越重视，但从实践看，由于村庄内房屋、街巷等几经更迭，建设年代、标准参差不齐，通过垃圾收集转运、旱厕改造、铺设污水管网等点状整治，不仅投入大，也很难实现整体改观。建议引导贫困地区因地制宜，充分尊重群众意愿，在整治好基本生活环境前提下，把人居环境整治与美丽乡村建设、迁村并点、农村宅基地“三权”分置改革等结合起来，利用城乡建设用地增减挂钩省域内调剂所得收益弥补资金短缺，形成统筹谋划、连片推进、滚动整治的良性循环。支持有条件的地方将人居环境整治与特色园区建设、乡村旅游、土地流转等捆绑实施，实现“以商补公”、相互促进。

## 二、加强规划、资金、部门统筹，更好发挥投资效益，提高对区域整体脱贫的“支撑力”

当前，贫困地区大多正处在城镇化较快发展时期，乡村人口规模、结构正在发生深刻变化，对基础设施精准布局带来诸多挑战。调研发现，目前村镇基础设施建设存在两个方面突出问题。一方面，规划科学性不强导致投资浪费问题。淅川一些乡镇干部谈到，当地预计未来会有很多人口向镇区集中，每个乡镇按照5000人、1000吨/天的设计规模建设污水处理设施，结果现在部分镇区只集聚2000多人，污水全部收集也只有500吨/天的规模，不仅造成投资浪费，而且常年处于半负荷运行状态，运行成本很高。还有乡镇干部反映，某贫困村过去有210户、818人，随着外出务工人数增多，现在村里只剩下35户、54人长期居住。按照上级对贫困村退出标准的要求建设基础设施，还不如用这些资金将他们就近转移到中心村集中居住。另一方面，区域统筹不够导致新的发展不平衡问题。按照现行政策，整合涉农资金优先用于贫困村，而非贫困村投入较少，基础设施没有多大改善。有时甚至两个贫困村都修了路，中间夹着的非贫困村却被隔过去，断头路多，通行能力低。在走访基层干部群众时，我们感到，当前贫困县中非贫困村、贫困村中非贫困户心态不平衡问题十分突出。事实上，这一现象不仅县域内是这样，贫困县与非贫困县也是如此，非贫困县也有很多贫困人口，同样肩负完成脱贫攻坚的重任，对享受上级扶持政策的落差颇有怨言。

精准扶贫重在精准、难在精准。基础设施作为共享普惠性工程，一村一户式“精准”推进不仅难以更好发挥效益，还可能影响区域整体脱贫效果。建议加强规划、资金、部门“三位一体”统筹，确保把有限资金用好用出效益。一是以规划统筹为前提。建议科学把握发展规律，把村镇基础设施建设与新型城镇化、乡村振兴等结合起来，与产业发展、就业支撑、人口转移趋势结合起来，兼顾当前和长远，按照适度超前、配套衔接的原则统筹规划建设，提升互联互通和共建共享能力。二是以资金统筹为抓手。近年来，淅川县在整合涉农资金上积极探索，实现“多个渠道进水、一个池子蓄水、一个龙头放水”，既解决了项目支离破碎问题，又减少了重复建设问题。为支撑区域整体脱贫，建议县级将整合资金在重点用于贫困村的基础上，拿出适当比例用于非贫困村。同时，考虑到资金整合作为一种工作方式创新，不具有排他性，建议推广到非贫困县，有效保障非贫困县完成脱贫任务。三是以部门统筹为保障。有人反映，由于部门沟通不及时，基础设施建设有时存在误损现象。比如，乡村数字电视、电力、宽带等均布设在一个杆路上，架一条线路经常出现损坏另一线路问题。建议落实县级主体责任，建立多部门协调联动机制，有效汇聚基础设施建设的合力。

## 三、坚持建管并重，提高基础设施运行效率，夯实保障长期脱贫成效的“稳定力”

调研中发现，农村基础设施“重建设、轻维护”问题比较突出，尤其是维护资金不到位、专业化水平不高导致设施建成后损毁现象普遍。比如，有群众反映，近年来，农村购买小汽车的人越来越多，乡村产业发展也使大吨位货车通行量明显增加，部分道路由于建设标准不高、养护不到位，建成不足1年即出现裂缝等问题。又比如，有群众谈到，为帮助贫困户脱贫，很多村把供水、道路等设施管护作为一种公益岗位安排贫困户就业，事实上他们只能做些清扫保洁等简单工作，缺乏基本专业技能。

基础设施建设质量不高、运行维护不到位，不仅降低设施使用寿命，造成投资浪费，也会对后期巩固脱贫成效带来诸多风险隐患。建议牢固树立建管并重理念，确保项目长期发挥效益。一方面，从源头上严把工程质量关。进一步提高贫困地区基础设施项目中央补助标准，分类推进道路、安全饮水、农田水利等基础设施提档升级，并严格工程质量监管，确保设施适用耐用。比如，引导地方分级合理确定主干道路、通村通组道路等建设标准，既保障大宗客货通行需求，又防止普通道路建设标准过高导致投资增加。另一方面，差别化推进基础设施运行维护。落实县级主体责任，推进专业养护职能向乡村延伸，建立有制度、有队伍、有经费、有督查的基础设施养护机制。鼓励基层把日常养护和定期维护区分开来，小修小补式的日常养护鼓励吸纳贫困户参与，定期维护采取政府购买服务方式，引入专业化力量，有效降低运维成本。

## 四、有效破除“三难”，降低制度性交易成本，增添实施扶贫基础设施项目的“保障力”

调研中不少人谈到，虽然近年来“放管服”改革便利了基础设施建设，但实施中依然面临“三难”。一是上下衔接不畅导致资金争取“难”。县乡干部谈到，由于乡镇处在基层一线，对政策性项目投资方向捕捉不灵敏，搞勘察、编可研、做环评等需要资金投入，在没有上级明确资金扶持情况下，一般不愿开展前期。而上级部门下达资金要求又快，有时甚至上午发通知，下午就要求上报。乡镇要么因前期准备不足错失时机，要么拍脑袋上报，最后因质量不高难以争取到资金。二是审批手续繁琐导致项目落地“难”。大家普遍反映，现在工程建设项目审批效率低、环节多、时间长问题依然突出。比如，修一条干线公路办完用地、环评、防洪、地震等手续往往需要半年以上。有些审批还互为前置，有时为了规避责任，部门间还相互推诿，严重影响项目落地。有时扶持资金下达后，因开标、评标、公示等招标程序繁琐，迟迟不能开工。三是前期费用高导致项目实施“难”。乡镇干部反映，一个项目从勘察、可研、设计到招标、监理，再到预算、决算等，全部下来中间费用占投资的比重超过20%。按照一公里道路建设标准35万元算，用在建设之外的成本就高达7万元，严重影响了项目实施。

农村尤其是扶贫基础设施项目量大面广，建议进一步改革项目管理方式，合理充分给基层赋权，进一步降低制度性交易成本，更好保障项目实施。一是创新财政资金管理方式。建议国家有关部门综合考虑地方人均财力、基础设施建设需求等，对基础设施建设扶持资金更多采用切块方式下达，增加县级安排项目自主权，提高资金使用的科学性灵活性，避免逐级申报影响资金使用效率和效益。二是改革项目审批制度。引导贫困地区学习借鉴工程建设项目审批制度改革试点地区先进经验，加快建立“多规合一”业务协同平台，并根据项目类型、投资规模等精简、合并审批环节，推行告知承诺制，分阶段实行“一家牵头、一窗受理、并联审批、限时办结”，进一步压缩审批时间，提高项目落地效率。三是优化项目前期手续办理方式。考虑到乡村道路、供水等小型基础设施对设计等要求不高，建议支持和鼓励基层将同类相似项目打捆进行设计、审批、招标等，降低单个项目中间费用，确保有限资金更多用于项目建设。

# 加快补齐贫困地区宽带网络短板

## ——脱贫攻坚专题调研系列报告之四

张军立　邢建武

网络是重要基础设施。加快贫困地区宽带网络覆盖，是推进网络扶贫、决胜脱贫攻坚的重要举措。我们在淅川县调研时看到，不少已通宽带的贫困村通过培育发展电商实现了增收。同时也发现，当地网络覆盖还有不小差距，全县共有 140 个贫困村，目前尚有 35 个村不通宽带、39 个村无移动网络覆盖，群众对此反映强烈。就此，我们通过与有关地方、部门和企业座谈，了解了贫困地区网络建设进展及存在问题，现将有关情况和建议报告如下。

### 一、贫困地区的网络建设进展情况及存在的突出问题

2015 年以来，各地区、各有关部门、各基础电信企业坚决贯彻落实党中央、国务院关于打赢脱贫攻坚战的决策部署，大力推进电信普遍服务，网络扶贫各项工作取得积极进展。截至目前，贫困村通宽带比例已达 94%，提前实现“十三五”规划 90% 以上的覆盖率目标；4G 网络覆盖率也接近 90%。同时，网络资费大幅

降低。网络扶贫的深入推进，不仅使得许多村民足不出村就可跟城市居民一样从网上购买各类商品，许多公共资源如优质教育、医疗等也在通过网络加快向乡村延伸。

但从调研和座谈情况看，当前贫困地区网络发展水平还有一定差距。一是网络覆盖范围亟须加快扩大。据统计，全国既无光纤，又无4G网络的贫困村尚有1万个左右，这些村落主要集中在深度贫困山区和边远地区。二是建设投资成本越来越高。目前宽带网络尚未覆盖地区，多数地处偏远、自然环境复杂、人口居住分散，造成建设和运营成本高企。据测算，第三批电信普遍服务试点项目投资回收期长达14年。三是项目落地协调难度增加。宽带网络建设涉及规划、国土、环保、交通、电力等多个方面，一个环节卡了脖子，网络建设就无法顺利实施。目前试点项目中，就有多个项目因位于自然保护区、草原等区域引起规划冲突，虽经多方协调仍无法落地建设。四是网络应用程度普遍偏低。各方面普遍反映，贫困地区宽带网络建多用少情况十分突出。宽带应用除提供上网功能外，主要为面向普通个人用户的IPTV业务，互联网助力脱贫攻坚的作用亟待进一步挖掘。

## 二、建议多措并举推动贫困地区网络发展

网络建设不仅是网络扶贫的重要基础，也是推进产业扶贫、教育扶贫、健康扶贫等扶贫行动的关键支撑。建议进一步加大工作力度，按照“中央资金引导、地方协调支持、企业为主推进”的思路，坚持问题导向，加大配套支持，加快推动贫困地区宽带网络实现全覆盖。

第一，明确目标任务。目前宽带网络尚未覆盖地区主要是深度贫困地区，全面完成脱贫攻坚任务，补齐网络短板是应有之义。

建议把“到2020年实现建档立卡贫困村网络基本全覆盖”作为目标，分期分批加快推动宽带网络覆盖至全部行政村的村部、学校、卫生室等主要公共机构，力争延伸至大多数20户以上人口聚居的自然村。

第二，落实建设责任。企业是电信普遍服务的实施主体，推动贫困地区宽带网络覆盖是电信企业应承担的社会责任。国家有关部门要区别不同情况，统筹采取招标竞争和行政指定方式确定实施企业，最大限度杜绝企业“吃肥不吃瘦”问题，把责任压实到有关企业，确保事有人办、责有人负，并建立健全竣工验收、监督检查、信息公示等工作机制，督促企业履约尽责，确保宽带网络建设进度和质量。

第三，加大财政支持。贫困地区宽带网络是典型的公共产品，但随着宽带网络建设向贫困山区和边远地区纵深推进，建设和运营成本也在不断提高。在要求企业承担社会责任的同时，中央财政也要加大支持力度。目前，中央财政对电信普遍服务试点的补助，仅为建设成本和6年运营成本的30%。建议根据贫困地区宽带网络全覆盖的需要和建设运营成本大幅提高的实际，加大中央财政支持力度，增加电信普遍服务专项资金规模，将现行补贴比例提高5—10个百分点。

第四，完善考核体系。为充分调动企业积极性，建议国资委进一步明确基础电信企业经营业绩考核的有关支持政策，剔除企业因实施电信普遍服务、贫困地区网络建设等项目对年度整体业绩的影响，引导企业积极承担贫困地区宽带网络建设任务。

第五，创造外部条件。加强通信主管部门、地方政府、电信企业之间的统筹协调、上下联动、横向协同。推动各地将宽带网络覆盖纳入扶贫考核，强化宽带网络基础设施与国土、交通、电力等规划的统筹衔接，实现同步规划、同步建设。各地要在选址、征地、拆迁、赔补、电价等方面对贫困地区网络覆盖给予支持。

第六，努力降低成本。积极运用卫星4G覆盖等新技术新手段，科学灵活选择接入技术，因地制宜推进农村网络覆盖。扎实推进基础设施共建共享，探索利用电力杆路搭载通信线路等方式，降低网络建设成本。加快2G网络退网进程，推进频谱重耕，释放优质低成本频谱资源用于贫困地区网络建设。

第七，拓展网络应用。建设网络的目的在于应用。为此，要着力加强贫困人群上网基本技能培训，鼓励电信企业推出力度更大的贫困人群资费优惠，鼓励互联网企业积极开发涵盖电商、农技、医疗、教育等行业应用APP，使贫困地区群众会使用、用得起、能受益，让网络在扶贫中发挥更大作用。

# “长短结合”“内外兼修”打好产业扶贫组合拳

## ——脱贫攻坚专题调研系列报告之五

张顺喜　刘一宁　高强

实现贫困人口如期脱贫、稳定脱贫，关键在于发展产业、吸纳就业、促进增收。产业发展起来了，也有助于吸引人才回流乡村、建设乡村。当前，脱贫攻坚进入关键阶段，应特别重视提高产业扶贫的质量和效益，全面夯实脱贫的产业基础。

**一要在产业选择上下功夫。**随着脱贫时间点的临近，不少地方在扶贫产业选择上不同程度出现了注重短平快、急功近利的倾向，发展产业盲目跟风、一哄而上，结果导致产业项目趋同、选择品种单一、同质化现象严重。有的地方过于追求规模效应，规划做得很大，初期看起来轰轰烈烈，真正发展起来又不被市场接受，大量过剩滞销，造成重大损失。

贫困地区发展扶贫产业，要立足当前、放眼长远，因地制宜发展具有比较优势的产业，着力在“特”字上做文章。要适应消费结构升级变化，立足于满足人们绿色无污染、高品质的消费需求，着力在“绿”字上做文章。要适应多样化的市场需求，促进农业多种功能充分发挥、综合效益整体提升，有条件的地方，可打造一二三产业高度融合的产业闭环，着力在“融”字上做文章。产业布局要兼顾当前需要和长远发展，既有能短期内见效带动贫困群众脱贫的产业，又有能长期带来稳定收益的产业，着力在“稳”字上做文章。

淅川县通过对本地资源禀赋、产业发展基础和贫困户条件等的系统分析，确立了“短中长”三线产业结合发展的思路。短线产业紧紧围绕推动当期脱贫，重点发展小龙虾、丹参、光伏等当年能见效的产业。中线产业着眼巩固脱贫成果，主要发展软籽石榴、杏李等需要3—5年才能见效的经济林果业，促进区域化布局、规模化经营。长线产业重在提升产业层次，主要是发展休闲农业和乡村旅游，培育壮大农民持续较快增收新动能。这种攻短促长、长短互补的产业扶贫路径，既促进了贫困人口当期脱贫，也为发展乡村产业、实现产业兴旺奠定了坚实基础。从目前看，已经展现出良好的前景，但一些产业存在的市场风险也值得认真研究，应努力避免将来出现“产量搞上去、价格掉下来”的问题。

**二要在培育和引入龙头企业上下功夫。**面对复杂多变的市场，普通农户尤其是贫困户很多时候难以准确把握，产业发展可能就陷入困境，必须有骨干企业的支撑。淅川县黄粉虫、小龙虾、大闸蟹、食用菌、软籽石榴、油用牡丹等扶贫产业的发展，都有龙头企业带动。龙头企业的进入，解决了品种引进、技术推广、品牌建立、产品销售等问题，使贫困户能够安心专注于生产。市场上摸爬滚打过的龙头企业，除能有效带动贫困户分享产业增值收益外，还能扩大小农户标准化生产覆盖面，从而有助于提升技术水平、保障产品质量、打造区域品牌。在培育和引入龙头企业时，还要注重建立合理的利益联结模式和利益分配机制，改变农民在整个产业链中的弱势地位，逐步实现从“企业＋农户”到“农户＋企业”的转变，让农民不仅成为现代农业的生产经营参与者，还要成为整个农业全产业链和价值链增值收益的利益分享者。

**三要在支撑产业发展的装备设施上下功夫。**装备设施落后是制约贫困地区产业发展的重要因素。很多鲜活农产品保质期短，有的只有三四天，如果加工、储藏、物流等跟不上，就容易出现“货到地头死”情况。所以，要大力支持贫困地区道路、水利等基础设施建设，特别是与扶贫产业关系密切的基础设施建设。要统筹谋划，加强农产品预处理加工设施建设，让产地能够具备农产品分级、清洗、烘干、包装、冷藏、保鲜等初加工能力，建设冷链物流设施。支持贫困地区产业基础设施建设，既要考虑经济效益，更要考虑社会、生态效益。当前淅川县正在大力推进规模种植的特色林果业，按照县里确定的目标，到2020年将超过30万亩，年产鲜果将会达到100万吨以上，并且大部分品种不宜储存或储藏保鲜期很短。如果没有足够的预处理加工设施，这么大规模的产品短期内集中上市，很难保证不出现滞销卖难，弄不好就会导致“产业扶贫若干年，卖难返贫一夜间”。要通过完善基础设施建设，让“好货来自地头”“好效益来自村头”。

**四要在用好帮扶力量上下功夫。**产业扶贫最终要靠人来干。现在的不少贫困人口，教育水平低，缺文化知识、缺劳动技能、缺经营头脑。如果没有有能力的人来干，特别是没有有能力的人引领，产业扶贫就很难搞起来。从当前的实际看，扶贫驻村工作队和第一书记等外部帮扶力量，是扶贫产业发展的重要推动力量。淅川县各贫困村都有自己的扶贫产业，很多产业都是在驻村工作队和第一书记推动下发展起来的。驻村工作队和第一书记不仅引进项目、联络资金、开拓销路、搭建扶贫产业运行的商业模式，很多甚至钻研技术，手把手地教农民，引领和推动了产业发展。与当地群众相比，驻村工作队和第一书记视野更宽，更能够发现贫困地区的资源优势，在产业发展上有更多的思路、更多办法。要创造条件，让他们在发展扶贫产业上大显身手。

**五要在提高贫困人口自我发展能力上下功夫。**从各地调研情况看，一些地方脱贫产业发展过度依靠外来企业带动，这些外来企业能不能扎下根来，干部群众心里没底。一些地方的扶贫产业对政府扶持有较多依赖，脱离了扶持能否继续发挥扶贫作用，还有待实践检验。一些地方为了使扶贫产业尽快见效，走简单给钱给物老路，忽视提高贫困户发展意愿和能力。比如，有的名为股份合作的项目，像食用菌种植，大部分也是用贫困户的到户增收项目资金和小额信贷等入股，由政府担保、企业承诺进行保底分红，贫困户基本不参与生产经营，实际上就是相当于“拿干股”，与简单的给钱给物并没有本质差别。产业扶贫要能够持续发展、持续发挥脱贫效益，必须提高贫困地区和贫困人口的自身能力。（1）重视培养和利用本地人才，加大对脱贫带头人的培养和帮扶力度。（2）引导本地在外的企业家、技术人员、大学生等回乡创业，这部分人才既了解本地优势，又知晓外面的世界，要发挥他们下接地气、上连市场的优势。（3）强化贫困人口的参与，真正让贫困人口参与其中。产业扶贫如果不能带动贫困群众直接参与，不能提升贫困群众的自我发展能力，不仅扶贫产业难以持续发展，脱贫成效也很难持续。因此，应加大对贫困群众直接参与产业发展的支持引导力度，让贫困户尽可能多地直接参与生产经营管理等产业发展各个环节，帮助贫困群众在实践中锻炼提高，增强脱贫致富本领，使产业发展更有生命力、脱贫成效更可持续。

# 支持贫困地区特色优势工业和中小企业发展

## ——脱贫攻坚专题调研系列报告之六

张军立　邢建武

我们在淅川县调研当地产业发展及带动脱贫情况时，深感发展特色优势工业和中小企业在脱贫攻坚中大有可为。对此，应采取综合性、针对性的扶持政策。

### 一、工业在脱贫攻坚和区域经济发展中发挥着重要作用

一般认为，贫困地区大多处于边远地区和山区，自然条件恶劣、生态环境敏感、产业承载能力差、生产经营成本高，发展工业有很大的难度。但从我们对淅川的调研情况看，还不能一概而论。淅川地处豫鄂陕三省交界，是南水北调中线的核心水源区和渠首所在地，也是国家重点生态功能区，工业发展面临交通、生态、环保等诸多制约。但淅川坚持生态立县，发展绿色工业，建设绿色园区，培育绿色工厂，开发绿色产品，建立起了比较合理的产业布局。2017 年，全县规模以上工业企业总数达到 117 家，工业

总产值达 242 亿元。其中，汽车零部件产业已经打造形成拥有 87 家企业的特色产业集群、年产值逾百亿元，医药食品产业年产值达 30 亿元。重点企业中，已有 2 家龙头企业实现上市，另有 2 家企业也启动了上市工作。

积极发展中小企业对于脱贫致富同样重要。这方面，淅川县的一个村大力发展小微企业带动农民就业增收就是个典型案例。针对人多地少、就业机会不多的情况，2017 年以来，这个村通过设立村劳务服务公司，带动一批村民外出务工；建立扶贫车间，吸纳村民就地就近就业；参与建设淅川县固废资源循环利用基地，参股基地内多家中小企业。通过这些渠道，带动了 131 户贫困群众就业增收。

淅川的实践证明，尽管贫困地区经济基础弱、发展条件差，但只要发挥好特色优势，坚持错位发展、差异化发展，完全可以通过发展工业和中小企业，走出一条产业脱贫致富之路。

## 二、贫困地区发展工业亟须政策扶持

调研中，对贫困地区发展工业和中小企业缺乏扶持政策反映较多。一是缺乏对贫困地区发展工业、中小企业的特殊支持政策。贫困地区区位条件、要素禀赋、劳动力素质、配套条件都要弱于其他地区，即使选准特色优势产业，在总体发展条件上也处于相对劣势。如不给予特殊倾斜支持，产业很难培育壮大。但目前贫困地区发展工业、中小企业，缺乏专门支持政策。二是缺乏吸引外部资金和人才到贫困地区投资兴业、创业就业的特殊支持政策。调研发现，近年来淅川新设企业多为本土自生企业或返乡创业企业，鲜有外地企业家前来投资。企业也反映，当地高技能人才招聘普遍困难，即使工资比发达地区高出两三千元，高级技工都不愿来。高端人才更是紧缺，为吸引和留住人才，某大型企业不得不将研发设计中心设在南阳市区，有的甚至还在上海等发达地区设立分支研发机构。企业普遍反映，迫切需要制定和完善鼓励外来资金和人才到贫困地区投资兴业、创业就业的支持政策。另外，对企业吸纳贫困人口就业也缺乏激励。

## 三、有关政策建议

第一，研究制定支持贫困地区工业和企业发展的专门财税支持政策。研究制定专门针对贫困地区工业和中小企业发展的系统性扶持政策，在增值税税率、所得税减免、亏损抵扣、技术改造、加速折旧、研发费用加计扣除等方面出台一批含金量更高的措施。同时，加大贫困地区公共服务平台网络建设力度，加快实现贫困县全覆盖。

第二，研究制定鼓励发达地区劳动密集型产业向贫困地区转移的政策措施。如给予免征一定年限的所得税优惠和再投资抵免政策，引导东部地区劳动密集型产业向贫困地区转移。借鉴“万企帮万村”的做法，大力开展产业对接合作，支持发达地区企业到贫困地区投资兴业。

第三，研究制定更好发挥产业发展带动扶贫的政策措施。对稳定吸纳当地建档立卡贫困户达到一定比例的企业，按照提供就业岗位数量给予相应所得税减免或社保补贴。加大就业培训支持，大力开展订单式就业技能培训，对企业开展贫困人口就业前培训的，适当上浮培训补贴标准。

第四，采取更有力措施缓解贫困地区企业融资难融资贵问题。融资难融资贵问题在贫困地区尤为突出。要大力支持贫困地区小型、区域金融机构发展，合理赋予大型商业银行县级支行信贷业务审批权限，严格落实尽职免责制度，更好满足企业融资需求。积极探索无抵押融资贷款，加强对应收账款、纳税信用贷款等业务的引导，多渠道解决企业融资难问题。加快整合征信机构、电商等资源，增进中小企业信用，解决银企信息不对称问题。

第五，完善鼓励各类人才到贫困地区工作的政策措施。深入实施边远贫困地区、边疆民族地区、革命老区人才支持计划，制定实施贫困地区人力资源市场建设援助计划。加大贫困地区招才引智力度，引导科研院所、博士后工作站在具备条件的贫困地区布局，对急需紧缺人才可提供研究场地、科研经费、安家补助等支持，在职称评定、个人所得税等方面给予优惠。

# 着力破解旅游扶贫发展的六大瓶颈

## ——脱贫攻坚专题调研系列报告之七

张军立　张凯竣

旅游是把绿水青山转化为金山银山的重要产业，是推进贫困地区脱贫致富的有效渠道。我们在淅川县调研时感到，旅游扶贫市场空间广、造血能力强、带动效应明显，在脱贫攻坚中发挥了重要作用。该县旅游业辐射带动549户贫困户、2386名贫困人口实现就业增收，户均年增收5000元以上。同时我们也发现，很多贫困地区的旅游扶贫还处于起步发展阶段，面临着一些亟待破解的困难瓶颈，应加强引导、大力扶持，进一步释放旅游扶贫的积极效应。

**一要破除旅游项目内容单一、吸引外来客源难瓶颈。**乡村旅游是旅游扶贫的重要载体，目前以自发式粗放式的发展方式为主，投资规模小、规划层次低、发展理念落后，普遍存在“弱、小、散”的问题。旅游产品同质化现象明显，大都按照“吃农家饭、干农家活、住农家屋、春季赏花、秋季摘果”的模式开发，“千村一面”，内容雷同。旅游景点布局分散，既没连成线，也未形成片。辐射带动半径小，重游率低，经济效益不佳。我们调研的乡村旅游点，提供的多是观光、采摘、垂钓、素质拓展等简单基础项目，没有深入挖掘乡村旅游资源与民俗文化内涵，吸引的游客以本县和邻县为主，市场吸引力和影响力不高，目前还都没有实现盈利。

推动乡村旅游提质升级，更好发挥扶贫富民成效，要进一步强化规划引领，根据各地资源环境禀赋和产业基础，明确乡村旅游发展重点，结合当地特色，深入挖掘生态、文化、民俗、历史等资源价值，提升乡村旅游内涵。加强对本地旅游资源和旅游产品统筹规划，整合分散旅游点，打造精品旅游路线，连线成片开发，提高专业化、集约化、规模化发展水平。促进乡村旅游与红色旅游、生态旅游、民俗旅游等业态相结合，以乡村旅游为核心带动餐饮、住宿、娱乐、观光、购物、种养、手工业等相关产业发展，促进农业一二三产业深度融合。

**二要破除农民参与程度不高、分享开发收益难瓶颈。**为了吸引外来投资，很多贫困地区旅游开发引进了专业化运营公司，这有助于发挥企业在融资渠道、营运经验、组织架构、管理水平及社会网络等方面的优势，但由于经营权、收益权全部归企业所有，也会带来当地农民参与度低、获利少的问题，甚至容易引发社会矛盾。我们调研了解到，淅川县的一些景区是由郑州的大型文旅集团整体开发，村民主要以开办农家乐、销售农副产品、在景区就业等方式获得收入，无法参与景区的经营和分红，难以享受到旅游发展带来的直接收益。

乡村旅游开发不能把当地群众排斥在外，要着眼于贫困人口受益、贫困户脱贫摘帽，建立乡村旅游收益共享的合理机制。一方面，支持鼓励专业化旅游企业参与开发，给予优惠配套政策，发挥其专业优势，带动贫困人口参与旅游发展。推进各类旅游企事业单位与贫困村“结对子”，在劳动用工、农副产品采购、配套产品开发等方面加强对口帮扶。另一方面，创新农民参与旅游扶贫的新路径，以土地承包权、宅基地使用权、房屋财产权以及农民集体资源资产等形式入股合作、共同开发，让贫困地区农民更好更多分享旅游发展的长期收益。

**三要破除路网设施建设滞后、游客进出景区难瓶颈。**旅游业发展离不开良好的配套设施和服务，尤其是交通的可达性是重要前提，但贫困地区往往地处偏远山区，交通不便、基础设施落后，很多独特的自然文化资源得不到有效开发。我们调研的两家乡村旅游点，进村道路只有三米宽，小型车错车都比较困难，旅游大巴更是无法通行。此外，水电、通信、住宿、公共卫生、垃圾处理等设施不健全也是制约旅游扶贫的主要短板。一位到淅川县开发乡村旅游的投资人反映，目前村里没有4G信号，一些村小组之间还处于断路状态，给项目发展造成很大障碍。

建议大力提升贫困地区旅游基础设施水平，加强贫困县重点景区、乡村旅游点的交通、水电、通信、网络等方面基础设施建设和公共服务，在规划制定、政策扶持、项目审批核准和资金安排等方面适当给予倾斜，确保到2020年实现贫困地区旅游景区4G网络全覆盖、旅游扶贫重点村通硬化路。加快完善停车场、旅游厕所、垃圾污水处理站等相关配套设施，提升旅游景点整体服务保障能力，让游客进得来、玩得好、留得住。

**四要破除旅游资产无法抵押、企业发展融资难瓶颈。**乡村旅游项目由于地理环境、配套条件等原因，资金需求较大，而开发主体以中小企业和农户为主，普遍存在实物资产较少、抗风险能力较弱的问题，特别是土地经营权抵押贷款还存在限制，相关旅游设施由于土地性质等原因没有产权证无法用于抵押，导致很难获得银行贷款。我们调研的淅川县的一个乡村旅游项目，启动四年多来已累计投入自有资金 1000 多万元，仅获得过 50 万元信用社扶持贷款，目前资金链十分紧张。

要多措并举化解贫困地区旅游发展的融资难题，引导金融机构加大对乡村旅游的信贷支持力度，开发适合旅游业特点的信贷产品和方式，鼓励金融机构根据土地承包合同和流转协议、旅游开发形成的固定资产等向企业提供相应融资支持，将从事乡村旅游的农户纳入农业信贷担保支持范围。鼓励各地政府采取以奖代补、先建后补等方式强化财政支持，促进景区提档升级。加强宣传动员，引导社会力量通过开发投资、慈善捐助等方式参与旅游扶贫。

**五要破除建设用地资源短缺、旅游项目落地难瓶颈。**按照现行政策规定，永久性旅游设施只允许建在集体建设用地或闲置宅基地之上，不得占用农用地，但目前的建设用地规划指标严重不足、分布较为分散，限制了乡村旅游规模化发展空间。淅川县乡村旅游点负责人普遍反映，现有的土地规划和管理制度与乡村旅游用地需求存在一定矛盾，由于不允许建设永久性建筑，游客接待中心、活动广场等配套设施无法落地，有的设施建成后即成为违建，有的只能通过临时性建筑过渡，实际开发中难免存在土地使用不规范的情况，潜在政策风险较大。

建议加强旅游扶贫用地保障，适度扩大旅游产业用地供给，在坚持基本农田保护和土地监管政策前提下，鼓励农村集体或个人通过土地流转开展乡村旅游，落实对贫困县专项安排新增建设用地计划等政策，优先保障乡村旅游扶贫项目用地。适当放开设施农用地上的建筑类型限制，允许建设一定面积比例的固定建筑作为配套设施，用于改善旅游服务条件。同时也要加强土地使用监管，明确乡村旅游用地只能用于相关自营性经营房屋及配套设施建设，不能开发住宅商品房，不能炒买炒卖集体建设用地。

**六要破除专业人才支撑不足、项目提质升级难瓶颈。**一方面，目前贫困村里中老年人占主体，受教育程度普遍较低，往往不具备从事乡村旅游必要的知识技能，经营服务水平无法满足现代旅游消费的需要。另一方面，由于贫困地区在工作条件、待遇、生活环境等方面缺乏足够吸引力，外地人才不愿来、本地人才又留不住，限制了旅游项目的品质提升和持续发展。调研中景点负责人表示，企业管理、营销等方面人员缺口较大，有些乡村旅游点连一个有资格证的正规导游都招不到。

要重视乡村旅游专业人才队伍培养，将旅游扶贫与农民工、大学生等返乡创业有机结合，鼓励高校毕业生、文化创意工作者等从事乡村旅游创新创业；加大培训力度，鼓励高等院校开设相关人才培养专业和课程，建设地方培训基地，实现对乡村旅游扶贫重点村致富带头人培训全覆盖，提高旅游扶贫一线骨干的知识结构和专业技能，增强旅游扶贫持续发展动力。

# 电商扶贫大有可为

## ——脱贫攻坚专题调研系列报告之八

孙慧峰　乔尚奎　刘军民

我们在淅川调研时了解到，电商扶贫见效快、带动力强、效果明显，应进一步完善相关措施，使其在脱贫攻坚和经济发展中发挥更大作用。

### 一、电商扶贫为贫困地区开辟了“网上致富路”，发展前景广阔

长期以来，贫困地区市场发育不足，与外界联系融入也不够，生产生活需要的物资进不来，当地特色的产品也出不去。这是很多地方守着“聚宝盆”却仍然贫困的一个重要原因。通过发展电商扶贫，在贫困地区产生了多重效益：一是为贫困地区特色产品打开广阔市场，加速了“山货出山”。过去藏在深山无人问津的土特产，通过电商卖向全国甚至海外，实现了可观的经济收益。以淅川为例，目前已经上行网销产品30多种。一些生产辣椒酱、洗衣液等过去线下销售的实体企业也纷纷“触网”，转型为线上

与线下相结合的新型经营模式，同时还让贫困户参与进来，成为他们的分销商，带动了200多户贫困户增收。二是推动了农业产业结构调整。农产品上网销售，倒逼农民根据市场需求选择种植品种，通过农业合作社等方式开展订单生产、品牌化营销，提高了农产品生产的标准化、组织化程度，也提升了供给质量。三是带动了农村居民的观念转变和生产方式变革。许多农民不再局限于“锄头 + 镰刀”闷头搞生产，而是通过“键盘 + 鼠标”主动找市场。不少贫困户经过培训成为网商、微商，从原来保守封闭的普通农民，逐步转变为既会生产又懂经营，具有市场意识、营销意识的新型农民。

目前，淅川的农村电商还处于起步阶段。从2018年上半年数据看：一方面，和全国国家级贫困县平均实现网络销售额超过1亿元相比，淅川县仅有3500多万元，差距较大，同时也说明发展潜力还很大；另一方面，淅川县农村网络零售总交易额为5.9亿元，3500万元的销售额仅占其中的6%，“买多卖少”现象十分突出。下一步，贫困地区应结合自身实际，进一步挖掘电商扶贫潜力，特别要更加重视农产品上行，加大“卖”的力度，努力把电商扶贫打造成助力脱贫攻坚和乡村振兴的一把“金钥匙”。

## 二、贫困地区发展电商要着力打造服务平台，完善相关扶持政策

与发达地区不同，电商在贫困地区属于新生事物，一开始敢于尝鲜者较少，在发展初期需要靠政府“推一把”。2017年，淅川县被列为第四批国家级电子商务进农村综合示范县，以此为契机，县里强力推动这项工作，取得积极进展。一是搭建平台。建成了1万多平方米的电商产业园（2018年3月建成，3月28日开

始试运行），引入专业运营商，并出台了免三年房租、物业费、水电费、网费等一系列优惠政策。二是加强培训。从杭州请来专业培训团队，免费为广大农村青年特别是求职大学生、返乡创业者、贫困人口、残疾人等进行培训。三是提供服务。帮助创业小网店与农户、电商平台、快递公司等进行对接，解决他们采购、营销、配送等各方面的难题。我们在电商产业园看到，一名残疾女青年坐着轮椅参加培训，目前已熟练掌握了全套技术并开了自己的网店。还有几家创业电商的管理者，都是原在外地打拼的淅川本地人，看到家乡创业政策好，纷纷从深圳、郑州、许昌等地返乡开办网店。调研中县里的同志谈到，通过开办县电商产业园、乡镇电商服务中心、村电商服务站，并实施相关扶持政策，不仅帮助许多人实现了创业，更重要的是，为淅川加速培育了一支专业的电商销售队伍，这为将来淅川农特产品更大规模网上销售奠定了基础。

调研中也发现，电商扶贫还应进一步向贫困户再倾斜聚焦，提高精准性。从 2018 年 3 月至今，淅川县已开展 13 期电商实操培训，培训 4500 多人，但其中贫困村学员不到 10%。同时，已有的电商创业企业基本集中在县电商产业园和乡镇的电商服务中心，离家较远，很不方便，在村里或自己家里开网店的较少。从全国看，这类问题也需要加以注意，特别是防止有的地方把发展电商产业的成绩等同于电商扶贫的成果。下一步，应继续加大对贫困人口发展电商的培训力度，多提供上门培训和技术服务，优先支持有条件的贫困户进行电商创业。在办好县电商产业园、乡镇电商中心的同时，应允许贫困地区整合利用电商进农村综合示范项目等现有资金，对贫困户、残疾人等开办网店、微商给予必要的政策扶持，比如购置或提供电脑、给予网费补贴等，使他们在村里、家里就能开网店。

## 三、发展农村电商必须提高农产品质量和标准化水平，优化相关许可和认证办理

从普通农产品转为网销的商品，必须打造品牌、提高品质。贫困地区农产品生产技术条件较差，多以传统的小散模式为主，有些初加工多数也是家庭小作坊、个体生产，产品质量参差不齐，缺少标准化和规模化。同时，许多农产品同质化严重，有特色无品牌，难以获得高附加值。开展认证有助于提高农产品的质量和标准化水平，也有助于增强网购客户对产品的认可度和信任度，但淅川县一些企业反映，目前对农产品的“三品一标”认证（无公害农产品认证、绿色食品认证、有机农产品认证、农产品地理标志认证）手续繁、周期长。以绿色食品认证为例，最终批准权在国家级的认证中心，具体认定工作则委托省一级中心承担。由于全国各地所有的认证都要到北京批，所以办理起来就耗时费力。这导致当年生产的农产品很难及时获得认证，只能从第二年开始才能使用绿色产品认证标志。还有媒体反映，一些仿冒的“有机”农产品证书花钱就能办，买证书、蹭“有机”乱象丛生，严重影响了认证的公信力。还有的网商反映，他们想销售当地的土蜂蜜，但由于没有自己的加工厂，拿不到食品生产许可证，其产品就是“三无产品”，没法上网销售。

从淅川调研看，农产品认证量大面广，最适合在产地直接办理。应改变过去都集中到省里甚至北京审定办证的模式，由国家制定标准，省负责培训指导，市或有条件的县设立认证中心，就近就便实施认证，同时加强抽查监管措施，真正做到既方便企业和群众，又保证农产品质量。对于农村个人电商在网上销售初级农产品，哪些需要办理食品生产许可证，哪些可以简化或者以认证等方式

替代，如何通过加强事中事后监管确保农产品质量安全，有关部门也应尽快制定相关标准和措施。

还要看到，贫困地区发展电商的硬件仍比较落后，包括道路条件较差、网络不畅通、冷链设施少、物流成本高等。目前农村电商仍以生活用品的网购为主，农产品的网销较少，不少属于“满车去空车回”的“单向物流”，再加上通往乡村的运距长、农民居住分散，导致物流成本居高不下。据某电商反映，部分贫困地区农产品物流成本占总成本的近50%。在这个问题上，淅川县的物流企业有的是企业给送达村庄的快递员补贴、亏本经营，有的则寄希望于政府能给予补助。对贫困地区发展电商存在的困难，要研究制定一些扶持政策。比如，大幅降低电商扶贫的网络资费标准，对农村电商物流采取综合性降成本措施等。

# 实现稳定脱贫和生态保护双赢 要用好生态补偿这个重要手段

## ——脱贫攻坚专题调研系列报告之九

李宏军　牛发亮

国家重要生态功能区和生态脆弱区往往也是贫困人口集中区，面临着要同时打好精准脱贫和污染防治两大攻坚战任务。通过对淅川调研，我们感到，作为推进稳定脱贫和生态保护联动双赢的重要手段，生态补偿机制亟待创新和完善。

### 一、生态补偿力度小，要在增投入、强激励上做文章

淅川县是南水北调中线工程核心水源区、主要淹没区和国家重点生态功能区。南水北调中线工程实施后，淅川新增淹没面积144平方公里，占丹江口库区总淹没面积的47.6%，工程淹没损失大，移民搬迁任务重，为南水北调中线工程做出巨大牺牲，近年来又为确保“一江清水北上”付出较大成本，经济损失大。历史上，淅川由于优惠电价优势，工业发展起步早，基础相对较好，但近年来特别是2004年以来，淅川为保水质，先后关停并转企业350

多家，累计拆解养鱼网箱5万余箱、畜禽养殖场600多家。专家估算，静态损失近百亿元。发展空间受限。淅川全境都是限制开发区，一半以上县域面积位于生态红线内，产业发展、脱贫攻坚都受制于生态环境保护，发展和保护的矛盾比较突出。库区群众反映，“有树不能伐，有鱼不能捕，有矿不能开，有畜不能养”，其他地区可以采用的脱贫模式在淅川行不通。环境保护费用高。目前淅川已建成污水和垃圾处理设施30个，年运行费用预计7000多万元。在水源涵养林建设、农业面源污染治理、农村人居环境整治等方面，也都需要投入大量资金。淅川为保护水源地，付出的代价不小，产生的生态效益较大。与此形成鲜明对比的是，其获得的生态补偿有限。其中，中央财政重点生态功能区转移支付每年只有3亿多元，这与淅川承担的生态建设和脱贫攻坚任务、创造的生态效益和社会效益不相称。

就全国而言，划入生态脆弱带的国土面积中约76%的县为贫困县，生态补偿也普遍存在着较为突出的标准低、力度小的问题。作为生态补偿的交易主体，政府往往是重要参与方。但在实际操作中，受财力限制，生态补偿标准普遍偏低，补偿力度也不足。比如在林业中，生态补偿的定价仅为管护成本，林农需独自承担森林资源保护所带来的经济损失，补偿标准与当地经济发展水平相脱节，不同公益林林分的生态价值没有得到充分体现，不同地区不同管护成本的差异也反映不出来。再如在草原中，草畜平衡奖励和禁牧补贴标准远低于牧户减畜带来的机会损失，在缺乏其他生存技能和转产能力的情况下，牧民不得不超载放牧，再次陷入恶性循环，影响生态奖补政策的实施成效。

针对存在的实际困难和问题，我们建议：一是增加中央财政支持。从当前看，加大中央财政重点生态功能区一般性转移支付力度，充分考虑像淅川这样的特殊情况，根据不同区域生态功能因素和支出成本差异，提高均衡性转移支付系数，扩大生态补偿资金额度。从长远看，研究建立生态补偿专项财政转移支付制度，为生态保护区的环境治理、以公共服务均等化为目标的社会事业发展提供稳定财力支持。二是强化补偿激励举措。健全监测评估考核体系，引入第三方机构，把生态补偿资金支付与生态保护成效结合起来，规范生态管护岗位的人员管理，合理提高补偿标准，让贫困地区农牧民在参与生态保护中获得应有收益。

## 二、生态补偿方式单一，要在多元化、多渠道上求突破

调研中发现，对淅川的生态补偿方式，主要存在两方面问题。一方面，横向补偿缺位。丹江口水库近一半面积在淅川，南水北调惠及受水沿线1亿多人口。虽然北京市朝阳区等地与淅川开展了对口支援，但并没有建立横向生态补偿机制，“受益者付费、保护者得利”体现不到位，水资源价值和生态价值反映不充分。横向生态补偿是一种常用的生态补偿方式，能够体现多元参与，具有形式多样、机制灵活、对等自愿的特点。党的十八届三中全会提出，要推动地区间建立横向生态补偿制度。当前，跨省跨流域的国家生态补偿试点已取得一定成效。新安江流域水环境补偿试点开展了两轮，中央财政及安徽省共补助试点资金26.3亿元，带动项目投资107亿元，中央资金“种子效应”得到充分发挥，新安江水质持续保持优良。广西广东九州江试点和福建广东汀江—韩江试点取得预期效果。在国家横向生态补偿试点的同时，地方也在积极推进。云南、贵州、四川相继签订了赤水河流域省级横向生态补偿协议，江苏、浙江、重庆辖区内有关市县也签署了横向生态补偿协议，这些都为扩大横向生态补偿探索了有益经验。另一方面，资金渠道有限。目前淅川获取的生态补偿只有财政资金，包括每年的中央财政重点生态功能区转移支付，加上水

污染防治、湖库水环境治理、生态建设等专项资金，来源较窄。从国内外实践看，生态补偿资金的来源，除了主渠道财政资金外，还有专项税费、企业资金等类型。比如法国的一家矿泉水公司，为获得优质水源，每年拿出一部分企业资金，补偿上游地区农户。水权交易、碳汇交易、排污权交易等市场机制，也是生态补偿资金的重要渠道。像海南省陵水县，成立了全国首个县级碳汇专项基金，以植树造林、增汇减排为目的，为企业和公众搭建一个捐资造林、储存碳信用的平台，既改善了当地生态环境，又拓宽了农民增收途径。

鉴于这两方面的问题，我们建议：一是将南水北调中线工程水源区设立为国家横向生态补偿试点。总结现有跨流域横向补偿试点经验，加快向南水北调中线工程水源区推广，搭建跨省补偿核算平台，鼓励受益地区与淅川等水源地建立资金补偿、产业转移、人才培训等多种补偿方式。二是从政府、企业和公众三个层面拓宽补偿资金来源。适时征收南水北调中线工程水资源费，专项用于对水源地的生态补偿。研究实施税收减免等优惠政策，吸引企业参与生态补偿。顺应人们对生态服务需求，完善生态服务付费方式，推动形成以购买方式为主体的生态补偿机制。

## 三、生态补偿制度不健全，要在推改革、抓创新上下功夫

生态补偿是生态文明制度建设的重要内容。根据《生态文明体制改革总体方案》要求，森林、草原、湿地、水流、耕地等领域相继完成了生态补偿机制的顶层设计，荒漠和海洋领域的生态补偿正在重点省市推行试点。从实践看，市场化生态补偿制度仍需进一步完善。一是制度还缺支撑。要实施市场化生态补偿机制，需要诸多前置条件，其中自然资源产权界定是重要前提。以流域生态补偿为例，推进市场化水生态补偿，水资源权属明确是首要

基础，同时科学的计量监测也很有必要。我国《水法》规定水资源属于国家所有，而对于水资源使用权的初始分配方式及确定原则还处在试点阶段，科学的水权尚未全面确定，水权市场发育也不完善。此外，我们还缺乏权威的生态评价、仲裁等中介机构，影响了对生态系统服务价值的科学评估。二是机制尚需完善。一方面，对市场化生态补偿机制在环境政策工具箱中的地位和作用上存在分歧。一部分学者认为，市场化生态补偿机制应发挥主体作用。相反的观点是，从理论和国际经验来看，市场化生态补偿只是一个补充工具，即便在产权清晰、环境监管水平高的发达国家，市场化生态补偿的体量也不大。另一方面，对市场化补偿范围、对象与方式的要求不明晰。在现行实践中，补偿范围的确定，通常依据江河源头、河流上游区域，或矿区、林区和山区等，边界范围含糊，与生态补偿目的是保障生态服务功能持续供给的关系不清晰，导致补偿责任不明确，影响了生态补偿机制的运行。

我们建议：一要加快生态补偿支撑领域改革。健全自然资源资产产权制度，研究建立生态环境损害赔偿、生态产品市场交易与生态补偿协同推进机制。加快构建生态补偿标准体系和统计指标体系，积极培育生态服务价值评估机构。完善改革试点的试错和容错机制，提高社会参与度，推动改革落地见效。二要创新市场化生态补偿机制。完善资源治理和保护市场体系，培育用水权、排污权、碳排放权交易平台，健全生态产品价格形成机制。选择一批国家重点生态功能区的贫困县，开展市场化生态补偿试点，在实践中解决补偿范围窄、对象不确定、作用不明确等问题，完善运行机制，提升生态补偿对稳定脱贫和生态保护的成效。

# 易地扶贫搬迁要着力做好“稳得住”文章

## ——脱贫攻坚专题调研系列报告之十

张顺喜　高强

易地扶贫搬迁的工作要求是“搬得出、稳得住、能致富”。现在全国的易地扶贫搬迁建设任务进展顺利，“搬得出”的问题得到了较好解决，而“能致富”则需要立足长远结合乡村振兴战略逐步解决，当前重点应放在确保“稳得住”上，这是决定易地扶贫搬迁成效的关键。最近，我们在淅川县调研时深切体会到，做好“稳得住”文章，必须从以下几个方面共同发力。

**一是规划好安置点，提高安置点吸引力，夯实“稳得住”的基础。**从搬迁贫困群众的期望和诉求出发，科学合理规划安置点，让群众愿意搬迁、愿意居住，这是“稳得住”的重要前提。目前，一些贫困地区出现搬迁群众回流现象，很重要的一个原因就是安置点选址和建设不合理。有的地方为节省成本，安置点就近集中安置，环境条件改善不大，对贫困群众没有吸引力。有的地方盲目追求安置点规模和城镇化安置，导致配套跟不上、承载能力容不下。

淅川县有着长达半个多世纪、多达近40万人的水库移民历史，在这一轮易地扶贫搬迁中，总结历史经验教训，制定了安置点规划和建设“四集中”原则，即在县城、集镇、园区、景区周边集中安置。新建的37个集中安置点中，靠近县城的4个，靠近集镇的9个，靠近产业园区的8个，靠近景区的16个，都是县域内经济较为发达、交通较为便利、有发展潜力的地段。正如一位镇党委书记所说的：“就是要拿出‘心头肉’，在最好的地段建设安置点，从根本上改善生产生活条件，让贫困群众切实看到解决长久之难的希望。”由于安置点综合考虑自然条件、发展潜力、就业吸纳能力等因素，也契合新型城镇化、产业发展等布局，贫困群众搬迁积极性高，易地扶贫搬迁工作进展顺利。截至2018年7月底，淅川已经完成搬迁入住贫困人口15147人、占搬迁任务的76.4%，剩余4666人的安置房主体工程也已经全部完工。

**二是强化基础设施建设，完善公共服务配套，改善“稳得住”的条件。**搬迁安置点基础设施和基本公共服务配套到位，是改善贫困户生存和发展条件、变被动搬迁为主动搬迁的有效手段。但一些贫困地区在安置点建设中，只注重盖楼建房，没有做好水、电、垃圾、污水处理等配套，贫困群众搬过来后日常生活、上学、就医很不方便。有的地方没有充分利用既有基础设施和公共服务条件，搞“另起炉灶”，导致安置点内外两张皮，各类设施和服务不能有效对接。搬迁群众对改善居住条件、享受更好基本公共服务的需求强烈，如果基础设施和公共服务配套不好，会影响搬迁积极性。

为避免出现这类问题，必须确保基础设施建设、公共服务配套与集中安置同步规划、一体部署，充分利用安置点周边既有的城镇基础设施和公共服务，着力改善搬迁社区生产生活条件。淅川县充分吸取以前水库移民中出现的因安置条件差而造成的移而不搬、搬而难安等教训，在严格使用易地扶贫搬迁建设资金的同时，积极整合生态移民、以工代赈、美丽乡村、新型城镇化、保障房等项目资金，推进城镇道路、供水、信息、污水管网等基础设施向安置点延伸，保证了安置点内基础设施建设水平和配套齐全。此外，为适应不同搬迁贫困户的不同生产生活需求，设计和建设了多样化的安置房户型供贫困户选择，有的安置点还通过连户或合户等方式为孤寡老人、五保户等建设安置房，既严格执行了安置房建设的面积标准，也避免了其他一些地方出现的“岗亭房”等问题。

**三是强化搬迁后续帮扶，促进搬迁户脱贫增收，提升“稳得住”的能力。**搬迁是手段，脱贫才是目的。在做好搬迁工作的同时，必须同步谋划安排对搬迁贫困群众的精准帮扶措施，提高贫困户生计能力，努力做到“挪穷窝”与“换穷业”并进、安居与乐业同步。现在，全国易地扶贫搬迁工作已经进入到巩固搬迁成果阶段，应把工作重心放在精准支持搬迁贫困户发展特色产业、促进转移就业上，根据搬迁人口在家庭结构和就业能力等方面的差异性，采取多元化帮扶措施，促进贫困群众稳定脱贫。

淅川县在选择安置点前，就开始制定搬后产业扶贫规划，围绕安置点布局扶贫产业，做到每个安置点附近都有一套产业和就业扶贫增收措施。同时，逐户分析搬迁户致贫原因，分类落实增收帮扶措施。对能独立创业的搬迁户，发放“党群扶贫 +”小额贷款、脱贫助力贷等，帮助解决创业资金问题。对缺劳动力的搬迁户，将到户增收项目资金和小额贷款资金交由公司或合作社托管经营，让搬迁户每年按出资额获得分红收益。对就业困难的搬迁贫困户，实施光伏扶贫专项收益分红和公益性岗位全覆盖。目前，在已搬迁入住的3812户贫困户中，每户都有3个以上的脱贫增收措施。

易地扶贫搬迁既要注重迁入地精准帮扶，确保搬迁群众充分就业，也要注重迁出地耕地等资源盘活利用，否则同样造成搬迁不稳定。比如，淅川移民搬迁后原有承包地仍在原迁出村，大多数贫困户仍需返回原地进行耕种。我们走访的一个社区有127户搬迁户，其中有一半以上都要回去种地，有的需要骑摩托车走20多公里。一些老人由于行动不便，承包地只能撂荒，造成巨大的浪费。对此，应加大迁出地耕地、山林等资源流转盘活力度，组建合作社等实行统一耕作，促进搬迁人口更好地“换穷业”。

**四是加强社区管理，落实保障政策，改善“稳得住”的社会环境。**易地扶贫搬迁是一项社会系统重建工程，不能只解决住房和收入问题，还需要统筹考虑医保、社保、户口迁移以及配套改革等问题，同时创造条件让搬迁贫困群众逐步适应新的生产生活方式，稳定融入迁入地社会。现在一些贫困地区采用“一步到位”的办法，统一采取城镇化集中安置，但贫困户祖祖辈辈在农村居住，生活习惯还不能适应城镇，文化素质也不能满足就业条件，导致进一步的社会问题。有的在社会保障政策上没有做好有效衔接，搬迁户户口仍在迁出地，低保、医保和养老保险也仍由原乡镇管理，有的贫困户要往返几十公里办理相关手续。

在促进搬迁群众社会融入方面，淅川的做法值得借鉴。（1）健全安置区社区管理体制。将已建成的乡镇集中安置点都命名为一个新社区，由所在乡镇政府负责组建村级组织或居委会，承担日常管理和服务工作。目前，已建成的集中安置点都成立了民主议事会、民主监事会和民事调解委员会等社区服务组织，所有搬迁入住的贫困户都在新社区生活。（2）注重让搬迁群众参与社区管理，提升自我管理、自我服务能力。淅川注重从搬迁户中吸纳有管理经验、有服务热情的人参与社区组织，在搬迁安置前对搬迁人员的摸底调查过程中就注意发现原有村组干部，在外打工人群中当过领班、班组长等基层管理岗位的人，增强搬迁贫困户的身份认同感，提高社区管理服务水平。(3)加强安置区社区文化建设。淅川县重视在搬迁安置点配套建设文化设施，结合移民和当地居民风俗习惯，组织开展群众喜闻乐见的文化活动，提高搬迁户社会融合度。

**此外，易地扶贫搬迁工作还要重视统筹谋划好同步搬迁人口问题。**易地扶贫搬迁的对象明确为建档立卡贫困人口，而很多“一方水土养不起一方人”贫困村需要整村搬迁，因此各地结合自身实际也确定了同步搬迁人口。按照政策规定，同步搬迁人口可以享受同等的基础设施和公共服务，但无法享受与贫困户相同的补贴。由于安置这部分群体的资金缺口比较大，各地进展很不平衡，许多地方还有相当规模应搬未搬的同步搬迁人口。像淅川县，由于历史上经过库区移民、扶贫移民等多轮搬迁，产生了大量留置人口。移民搬迁后，居住点更为零星分散，一个村组多则十来户，少则两三户，原有的村级学校、卫生所、供销网点裁撤合并后，在交通、饮水、通信、就医、子女入学等方面面临严重困难。这部分群体多数处于贫困边缘状态，如果不能及时妥善解决，极易产生新的贫困人口。同时，由于互相攀比容易产生新的社会矛盾，甚至引发群众上访事件，造成新的不稳定因素。

解决好同步搬迁人口问题，既是巩固脱贫攻坚成果的重要内容，也是促进社会稳定的重要抓手。建议：一是对于确需与立卡贫困户同步搬迁的人口，继续允许贫困县摘帽后或其他非贫困县统筹实施涉农项目，集中解决同步搬迁人口的搬迁问题。尽力实现整村迁出，使搬迁成效最大化。二是对目前不具备搬迁安置条件的农村低保户、特困户等贫困人口，着力推动各项精准帮扶举措落实落地，优先解决其“两不愁三保障”问题。三是促进搬迁与乡村振兴战略衔接，统筹谋划好布局方案、资金安排和政策体系，预留出搬迁安置空间，做好同步搬迁人口调查摸底工作，制定详细可行的搬迁规划，为压茬推进同步搬迁奠定基础。四是加大政策宣传力度，做好群众思想工作，集中讲解易地搬迁的相关政策和进度安排，有效引导、协调和稳定预期，加强社会风险防控。

# 贫困地区义务教育发展要在“软件”建设上下功夫

## ——脱贫攻坚专题调研系列报告之十一

侯万军　王敏瑶　王汉章

教育在经济社会发展、阻断贫困代际传递方面具有不可替代的作用。然而，贫困地区发展教育基础薄、底子差、难度大，如何用有限的力量解决制约教育发展的关键瓶颈问题，是贫困地区面临的重大课题。河南省淅川县坚持教育优先发展，一手“还欠账”抓硬件设施建设，一手“打基础”抓教师队伍发展，义务教育质量稳步提升，在南阳市居于前列。同时，淅川县义务教育还存在不少困难问题，很多是贫困地区面临的共性问题，需要出台更有针对性的政策措施加以解决。

### 一、贫困地区应该也完全可以办好义务教育

淅川是南水北调中线工程核心水源区，全国移民大县，义务教育发展有不少“欠账”。2003 年国家颁布了丹江口库区的“停建令”，停止对库区包括学校建设在内的资金项目支持，导致淅川县教育基础设施建设滞后、办学条件差。近年来，随着移民工

作的基本落地，淅川县开始努力弥补历史“欠账”。特别是2016年以来，集中力量支持教育事业发展，财政教育经费投入有较大增长，2017年达到8.16亿元，占一般公共预算支出的比例达到18.4%，高于全国平均水平1.5个百分点。在硬件投入方面，多方筹资近5亿元，对150个义务教育学校进行标准化建设，成功实现全国义务教育基本均衡县创建目标。在软件建设方面，建立健全教师补充和动态调整机制，过去三年累计补充中小学教师1927人，同时要求新招聘教师必须到乡镇锻炼3—7年。加大对贫困学生资助力度，实现应助尽助。目前，全县初中入学率为100%、巩固率95.4%，小学入学率100%、巩固率96.6%，高于全国平均水平（全国义务教育巩固率为93.8%）。高考成绩屡创新高，2017年一本上线852人，2018年达到1245人，居南阳市所属区县第一名。过去，一些家庭为了让孩子接受更好的教育而离开淅川；现在，淅川的教育水平甚至吸引了周边县市的学生前来就读，也带动了不少打工家庭返乡。教育发展让很多贫困户看到了希望。我们走访的一户贫困家庭，大女儿刚刚考上大学，还有一儿一女也在读书，家长表示，再难也要供孩子上学。淅川县的经验表明，只要地方党委、政府重视，措施得力，贫困地区完全可以发展高质量义务教育，走出“穷”与“愚”的循环怪圈。就贫困地区乃至全国来说，义务教育办学“硬件”有很大改善，突出的是师资力量等“软件”薄弱，要在加强“软件”建设上下功夫。

## 二、下决心解决教师“在编不在岗”问题

在贫困地区，教师短缺是个“老大难”问题。过去，淅川县的党政机关缺人从教师中借调，城区学校缺人从农村学校借调。2016年淅川县开展专项治理，下决心解决教师在编不在岗、随意

借调、无序流动等问题。一是要求借调到党政机关的在编教师、借调到县直学校的乡镇教师限期返回原单位。两个月时间内共计992名教师返回了原单位，占全县在编教师的六分之一多。二是对于离岗进修教职工，规定进修期间工资暂按60%发放，待学习结业返岗后再补发40%工资，未返岗的停发工资并取消编制。三是严肃整治“吃空饷”问题，严格按照政策规定停发工资，依法核减其编制。同时建章立制，从制度上杜绝随意借调、长期脱岗等现象的发生。从全国看，教师“在编不在岗”问题在不少地区都存在。建议借鉴淅川经验，由教育部门牵头对全国义务教育阶段教师上岗情况进行摸底排查，督促各级政府带头清理机关借调教师，系统整顿教师在编不在岗的问题，缓解教师短缺问题。

## 三、从实际出发稳妥“消化”代课教师

淅川县义务教育代课教师数量较多，在乡村小学几乎校校都有，甚至成为一些学校的“主力军”。全县义务教育阶段在编教师5653人，另有代课教师1000多人。据了解，代课教师多的问题在贫困地区普遍存在，主要原因在于乡村小学教师工作生活环境差、收入待遇低，在编教师不愿去，只能从本乡本土招收代课教师。可以说，代课教师问题不是一天两天形成的，解决起来也需要一个过程，特别是很多代课教师年龄较大、学历层次较低，有的甚至连初中都没有毕业。要从根本上解决代课教师问题，关键要加大乡村教师培养和招聘力度，提高收入待遇，吸引更多合格教师到乡村从教。代课教师问题是客观存在的，当前要正视其存在，研究完善过渡期间相关政策，逐步稳妥“消化”代课教师。据了解，淅川县代课教师平均工资普遍只有1000元上下，而刚入职的在编教师，工资收入在1700元左右。建议进一步提高代课教

师收入待遇，对符合条件的加快入编、同工同酬；对于具备一定教学水平的，可通过继续教育等提高其学历层次，早日纳入编制管理；对于年龄较大的，帮助解决好生活养老方面的困难，在此基础上促其自然退出教学岗位。

## 四、落实义务教育教师工资政策关键在于各级政府的重视程度

《义务教育法》明确规定，义务教育阶段教师的平均工资水平，应当不低于当地公务员的平均工资水平。《中共中央国务院关于全面深化新时代教师队伍建设改革的意见》进一步提出了“不低于或高于”的要求。前不久教育部组织的督查发现，全国有三分之二的省份没有落实该政策。淅川作为国家扶贫开发工作重点县、河南省 4 个深度贫困县之一，县级财力比较困难，但由于县委、县政府的重视，不仅按时足额发放教师工资，而且水平显著高于公务员。2015—2017 年义务教育教师年平均收入比公务员高 5000 元以上，最多时高 24%。这充分说明政策落实到位与否，关键取决于思想认识问题，而不是财力问题。建议进一步强化教师工资待遇政策落实的责任机制，督促各地限时达标。

调研中发现，教师收入即使高于公务员，不少教师仍然千方百计“跳槽”考公务员。许多教师反映，教师的社会地位不高，付出与回报不匹配，平均月收入也就两三千元，但在学校工作不仅要完成教学任务，还要负责学生的生活管理，承担安全责任。若有学生在学校生病或出了安全问题，即便学校没有责任，父母也会来闹事谋求赔偿，相关部门推诿塞责，学校也一味退让。但如果教师出了差错，经媒体渲染放大，学校和教师都会成为各方指责的焦点，寒了不少教师的心。我们认为，增强教师岗位的吸

引力需要长期努力，解决好收入待遇问题是第一步，不仅要落实好“不低于公务员平均工资水平”的政策，还要逐步实现“高于”的要求，建立健全工资动态增长的长效机制。同时，要大力倡导尊师重教，营造良好社会氛围，吸引更多优秀人才投身教育、长期从教、安心从教。

## 五、以强化激励为导向完善绩效工资制度

实施义务教育教师绩效工资制度的初衷是为了体现多劳多得、优绩优酬，但调研中我们发现，现在的绩效工资几乎成为“大锅饭”。绩效工资中很大一部分比例与岗位职责挂钩，而岗位又与职称挂钩，导致绩效工资与职称紧密相关，不能够体现实际工作情况。有的教师一旦评上高级职称后，就会产生“船到码头车到站”的想法，不愿再从事繁重的教学工作，但仍然可以拿到较高工资。反倒是真正在教学一线的中青年骨干教师，由于职称比较低，工资也就相应较少，很多只有一两千元。特别是一些乡村教师工作尤为辛苦，但学校规模太小，没有职称晋升指标，辛苦工作到退休仍然是初级职称，工资自然涨不上去。建议按照“稳定存量、盘活增量”的原则，完善义务教育学校绩效工资制度。对于目前教师拿到手的绩效工资予以保留，确保收入水平不降低；薪资调整后增加的部分，主要用于班主任、教学一线等岗位的激励，定岗定薪不定人，形成人人争上讲台的良好局面。

## 六、办好贫困地区乡村小规模学校

淅川县村小等乡村小规模学校比较普遍，几乎乡乡都有。全县共有小学 393 所，其中单人独校 97 所，10 人以下学校 127 所。当地政府曾考虑过撤并一些单人独校，后来没有这样做。这是因

为，一方面，从促进义务教育公平看，村小就读的学生大多为低年级留守儿童，家庭经济条件较差，在外打工的父母无力将其带入城镇就读，是教育扶贫中最需要兜底保障的人群。很多村小还附设幼儿园，将学前教育也一并承担起来，极大解除了父母的后顾之忧，从而解放了农村劳动力。我们走访的乡政府领导都谈到，一旦撤并了村小，必然会导致辍学率的增加。比如某乡有一名在村小就读的孩子，父母在外打工，家里的奶奶长年生病卧床需要他照料，如果村小撤销 ，不仅老人无人照料，也没有家长接送他往返寄宿制学校，就只能辍学。另一方面，乡村精神文明建设也需要办好小规模学校。一些乡村干部和群众认为，村小具备较强的社会功能，成为偏远封闭山村了解外面世界的窗口，有时村里的矛盾纠纷还会找学校老师帮助调解。如果学校撤销了，感觉村里的文化火种就熄灭了。因此，举办小规模学校不仅要从教育角度计算办学成本效益，还要综合考虑扶贫效果，算大账、综合账。当前，小规模学校发展面临不少难题，比如一些教学点的学生时有时无，不确定性比较强。教师下不去、留不住的情况也非常突出，有的学校连特岗教师也不愿意去。2018 年 4 月，国办印发了《关于全面加强乡村小规模学校和乡镇寄宿制学校建设的指导意见》，旨在解决小规模学校办学面临的突出问题。但调研中发现，很多基层干部基本不清楚文件的相关要求，更谈不上落实了。建议在狠抓政策落实的同时，给予地方更大的自主权，在小规模学校的编制标准、教师待遇、经费保障等方面，允许各地因地制宜完善政策。

## 七、应加大对乡镇寄宿制学校运转的保障力度

乡镇寄宿制学校是农村义务教育的重要组成部分，但基层反

映寄宿制学校运转普遍困难，一个突出问题是对学校聘用的生活老师、后勤管理人员等，地方财政没有经费保障。现在，各学校一般都使用公用经费支付其工资，这是现有政策不允许的，一旦审计就会被问责。很多学校由任课教师义务承担学生的后勤管理服务工作，教师成了“全科老师+父母+保洁员+清洁工”。我们走访的一所小学，30多个学生中绝大多数都寄宿，其中一半左右是贫困学生，有营养餐计划的补贴，其余非贫困学生没有补贴，然而二者之间的经济条件差别并不很大，学校也难以再向学生收钱，只能免除非贫困学生的午餐费，通过开辟菜地自己种菜、请教师家属义务帮助做饭等方式维持运转。对于寄宿制学校按寄宿生年生均200元标准增加的公用经费补助，很多学校反映连学生的水电气暖等开支都不够，最终还是需要学校贴钱。目前，政策允许寄宿制学校根据实际需要适当增加编制，提出探索将属于政府职责范围且适宜通过市场方式提供的学校安保、生活服务等事项纳入政府购买服务范围，所需资金从地方财政预算中统筹安排。这一政策普遍没有落实，还需要各地拿出更有针对性的实施方案。

# 健康扶贫面临的主要问题及建议

## ——脱贫攻坚专题调研系列报告之十二

王汉章　侯万军　王敏瑶

目前贫困地区看病难看病贵仍很突出，疾病是致贫返贫的主要因素之一。淅川县在脱贫攻坚中高度重视健康扶贫工作，采取了多项措施最大限度地解决贫困人口的看病就医问题，有的经验值得其他地区借鉴。

淅川县主要建立了三个健康扶贫机制：一是大病兜底机制。在国家基本医保、大病保险和医疗救助“三道”保障防线的基础上，淅川县财政拿出2000万元，为建档立卡的贫困人口建立了大病补充医疗保险，实行大病“托底救助”保障。凡贫困人口合规医疗费用超过2000元的个人自付部分，分别按85%、80%、70%给予报销，自付费用越高报销比例越大，不设起付线和封顶线。这道保障机制建立后，贫困患者在本县医院住院由原来的60%提高到85%—90%，基本解决了贫困人口看得起病的问题。二是慢性病用药保障机制。这是淅川县健康扶贫最大的亮点。为解决慢性病拖穷全家问题，淅川县根据贫困人口慢性病发病情况，筛选出高血压、糖尿病、精神病等 19 种发病率较高、用药负担较重的慢性疾病，对其门诊治疗给予补助，并根据每种疾病的治疗费用，制定了不同的保障标准。这个做法，既减轻了慢性病患者门诊用药负担，也避免了一些患者为了报销进行“挂床”住院现象的发生，节约了医保基金。三是实施“三免一覆盖”的健康服务机制。主要是：免费体检，每年为贫困人口提供一次健康体检，建立健康档案，制定个性化健康管理方案。体检项目覆盖了大部分的常见病和多发病，疾患检出率超过 65%。免缴住院治疗押金，县域内所有医保定点医疗机构，贫困人口住院一律免交住院押金，实行先诊疗后付费。降低贫困人口参加城乡居民医保个人缴费标准，财政对每位贫困人口补贴 60 元，个人只需缴纳 90 元，对特困人口实行免缴。“一覆盖”就是为建档立卡的贫困人口配备家庭医生，开展签约服务。

淅川县健康扶贫取得明显成效，同时与全国其他贫困地区一样，随着脱贫攻坚持续向纵深推进，健康扶贫面临的困难和挑战依然很大，亟待采取更加有力的措施予以破解。

**第一，贫困地区基本医疗卫生服务的可及性仍然比较差，需要多措并举解决贫困人口看得了病的问题。**尽管这些年国家加大了对基层医疗卫生服务基础设施建设的投入，但由于贫困地区大多地处偏远，再加上历史欠账较多，基本医疗卫生服务存在的问题和困难依然不少。一是贫困地区的基层医疗服务网底仍不健全。淅川县 133 个贫困村，仅 55 个村有卫生室，32 个正在建，尚有 46 个村仍未有着落。有的村即使建有卫生室，但设备简陋，药品很少，难以满足基层群众看病需求。二是贫困地区医务人员特别是优秀人员缺口很大。淅川县每千人口执业（助理）医师数为 1.5 人，注册护士数为 1.58 人，而全国平均水平分别为 2.44 人和 2.74 人。

这些年，贫困地区不仅招不到人，连本地人才也大量外流，特别是城市大医院对贫困地区人才“虹吸”现象尤为突出，形成了市“挖”县、县“抢”乡的局面。我们调研的一家镇卫生院，总计20多人，有一半医务人员被抽到了县医院，致使乡镇医院运转几乎停摆。三是大病患者异地就医问题突出。受当地诊疗水平限制，部分大病重病群众寻求外出就医。淅川县大病治疗外转率超过18%，高于全国10%—15%的水平。县医保部门的同志说，外转患者病例数量上虽然不多，却耗费了40%的医保基金。县外就医，还额外增加了患者的交通、食宿等非医疗费用支出。

从调研看，相对于医疗保障而言，提升贫困地区医疗卫生服务水平、促进健康服务可及性是做好健康扶贫的一项迫切任务，也是长久大计。建议：一是精准提升贫困地区医疗服务水平特别是治疗大病的能力。贫困地区医疗服务最大的“短板”就是治大病能力不足。比如，淅川县治疗肿瘤和脑血管疾病的水平明显偏低，如果把这两种疾病治疗水平提上去，可以使90%以上的患者看病不出县。有关部门要对全国贫困县医疗服务能力进行摸底调查，搞清县域内医疗救治能力薄弱环节及居民大病发生情况，着力加强贫困地区县域治疗大病专科能力建设，增强健康扶贫的针对性。二是优先推进贫困地区远程医疗服务。远程医疗对全面提升基层医疗服务能力非常有效。淅川县中医院与南阳市和河南省人民医院“攀亲结对”，每月开展13次远程服务，两年多的时间，医院由一级水平一下子蹦到了二级甲等。中医院的院长说，相对于通过行政手段让城市大医院专家待在基层，远程医疗帮扶的办法更管用。建议国家率先在贫困地区开展远程医疗工程建设，支持高速宽带网络优先覆盖贫困地区医疗机构，提升远程医疗装备保障能力。同时要尽快制定远程医疗服务的付费标准，并将其纳入医保报销范围，确保远程医疗工程发展可持续。三是积极推进贫困地区医联体建设。基层医疗卫生服务能力不足，最大问题是留不住人才，在贫困地区尤为突出。淅川县的同志认为，应大力推进贫困地区医联体或医共体建设，把乡镇卫生院和村卫生室人、财、物都交由县医院统筹管理，乡镇卫生院人事薪酬关系上挂到县。这样做的好处是，可以统筹调配县域医疗卫生资源，解决县里医生不肯去农村、乡村医生向城里跑的问题。这种做法已经有不少地方进行了探索，建议有关部门进行总结，尽快在贫困地区推广。

**第二，有的贫困地区健康扶贫保障标准偏高，应当进行合理引导，确保健康扶贫可持续。**适当加大对贫困人口看病的保障是必要的，但如果把标准抬得太高，会引发新的矛盾和问题，也会造成一些医疗资源的浪费。我们入户调研的一位高血压患者，家中各种药品摆满一桌，仅用于治疗感冒的板蓝根就有三大袋。淅川县人民医院对贫困患者看病给予特殊照顾，挂号有专门通道，检查有专人引导，住院有专门病房。一些医务人员戏称，现在的贫困患者看病比老干部享受的待遇还要好。据了解，现在有关部门对健康扶贫考核，一个重要指标就是调查贫困人口的满意度，为了得到更多的“点赞”，各地都竞相攀比给贫困人口“送温暖”，如果一个地方住院报销85%，另一个地方就会提高到90%，有的地方甚至明确提出，贫困人口不管得了什么病，一年只付300元，剩余全部报销。还有的地方为了买贫困人口的“好评”，不仅住院看病不要钱，还给贫困人口免费送脸盆毛巾、牙刷牙膏等生活用品，对其亲属探病来回路费也给予报销。

调研中，我们感觉到，由于贫困户与非贫困户医疗保障水平差距较大，引发了其他居民的不满。一些地方从新农合基金中拿出一部分钱用于提高贫困人口的保障待遇，这种方式对其他缴费的参保人也是明显的不公。医疗服务是刚性需求，这样下去也很难持久。淅川县有关部门的同志讲，这些年为了健康扶贫，原先结余的医保基金快要耗完了，担心到2018年10月份就会收不抵支。建议有关部门要尽快完善健康扶贫的考核办法，考核指标重点围绕“保基本”进行设定。对医疗保障标准特别是医保报销比例一定量力而行，制定指导性的上限，禁止各地随意提高保障水平、吊高健康扶贫“胃口”。

**第三，贫困地区居民健康观念和防病意识普遍淡薄，要积极做好贫困地区健康教育和环境卫生综合治理工作。**淅川县建档立卡贫困人口中，身患大病人口比例为20%，而全国一般人群的比例仅为5%—10%。从调研看，农村居民特别是贫困人口疾病高发。一方面，由于缺乏健康知识，一些农民小病不看，很容易拖成大病。甚至很多人认为，不干不净，吃了没病。另一方面，农村卫生环境比较差，对农民健康影响很大。我们进村入户调查，感受到贫困程度越深，卫生环境越差，疾病发生越高，因病致贫返贫现象也越重。

健康扶贫，治本之策不是“治病”，而在“防病”，让人们少生病，甚至不生病。建议当前要着力抓好两件事：一是在农村特别是贫困地区组织开展群众性爱国卫生运动，通过驻村扶贫干部，推动农村卫生环境综合治理，发动群众深入开展垃圾处理、“厕所革命”、家庭整洁等环境卫生工作，清洁农民生活的家园，努力消除疾病孳生传播的“土壤”，降低群众患病特别是患大病的几率。这事做好了，不仅可以提高农民健康水平，而且对改善农村生活面貌、提升农民生活品质、推进文明乡村建设都具有重要意义。二是加强健康教育，在农村普及健康知识，加大健康干预力度，引导群众养成卫生习惯，切实减少疾病的发生。

**第四，贫困地区深化医改政策落地面临很大难题，给予适当政策倾斜和财政支持是必要的。**贫困地区医改面临的主要问题有三个方面：一是公立医院债务过重。淅川卫生计生部门的同志说，新医改启动实施的前三年（2009—2012年），国家对基层医疗卫生服务设施建设投入力度很大，而淅川正在搞移民搬迁，不少基础设施建设都处于停滞状态，错过了好时机，现在投入力度不如以前，县里又拿不出钱，公立医院建设大部分靠借债。目前，淅川公立医院基础设施建设债务超过8亿元，而2017年淅川公共财政预算收入才不过8.5亿元。二是医务人员薪酬待遇偏低。从了解到的情况看，淅川县医务人员整体收入比教师和公务员都低，乡镇卫生院医务人员平均收入是2000元/月，县中医院医务人员是3000元/月，县人民医院是4000元/月。现在，国家正在推动建立符合医疗行业特点薪酬制度，总体上要求医务人员收入要明显超过社会平均工资标准，而淅川显然没有做到。三是公立医院服务价格过低。淅川县级医院病房大都配有空调和电视，而床位费每日只有18元，社区卫生服务中心只有11元，护士一个晚上的夜班费才20元。这样的价格已经十多年雷打不动。当前，全国公立医院改革已经全面取消了药品加成政策，其收入缺口主要依靠提升医疗服务价格和适当的财政投入进行补偿，2018年还要继续加大调整服务价格的力度。但从淅川县来看，贫困地区老百姓收入比较低，对看病价格调整敏感，如果调整过大，必然会增加群众看病负担，进一步加重因病致贫返贫问题。

据了解，这个问题不仅淅川县存在，其他贫困地区同样面临这样的困境。我们认为，对贫困地区公立医院改革不能一刀切，必须考虑到当地的经济发展水平及群众的可承受能力，其破除以药补医机制后的补偿渠道需要更多地依靠财政的投入，这样才能确保患者看病负担不增加、公立医院正常运转。再就是，淅川县反映，中央财政对全国每个县公立医院改革补助都是一个标准，每年都是 300 万元。这点钱东部地区的县可能根本看不上眼，但对贫困地区却能发挥很大的作用。建议中央财政调整对县级公立医院改革的补助标准，加大对贫困地区公立医院改革的支持力度。同时尽快研究化解贫困地区基础设施建设、设备购置等方面的合理债务，为公立医院改革解除后顾之忧。

**第五，总结推广各地健康扶贫的经验做法。**这些年各地在健康扶贫方面进行了积极探索，创造了不少好的办法，一些经验不仅在贫困地区有推广价值，对非贫困地区也有很好的借鉴意义。比如，淅川县实行的慢性病用药保障机制以及“三免一覆盖”政策，可以在全国推开。建议有关部门加强对各地健康扶贫经验的总结推广，进一步扩大健康扶贫成效。

# 关于加强高血压、糖尿病用药保障的建议

## ——脱贫攻坚专题调研系列报告之十三

王汉章　侯万军　王敏瑶

由于老龄化进程加快和疾病谱的快速变化，我国健康模式发生了很大改变，从以防治传染病、寄生虫病、地方病等为重点，转向到以防治心脑血管疾病、肿瘤、糖尿病、精神疾病等慢性疾病为重点。据统计，我国心脑血管疾病现患人数超过 2.9 亿人，糖尿病患者 1.1 亿人，恶性肿瘤每年新发病例超过 380 万例，慢性疾病导致的死亡占总死亡的比例超过了 85%，成为严重威胁我国居民健康的重大公共卫生问题。从我们在淅川的调研看，慢性疾病是因病致贫返贫的主要因素。

**第一，慢性病给个人、家庭和社会带来了灾难性的经济支出。**世界银行和世卫组织研究认为，2005 年中国的慢性病直接医疗成本为 2100 亿美元，2015 年超过 5000 亿美元，预计从现在到 2030 年，心脑血管疾病、脑卒中、糖尿病、癌症和慢性呼吸系统疾病等五

大慢性病造成的直接经济损失累计将高达27.8万亿美元。慢性病治疗直接加重了患者的经济负担，不少家庭难以承受、致贫返贫。调查显示，当前慢性病住院治疗平均费用是农村居民年收入的1.3倍，重大慢性病治疗费用是农村居民年收入的6.4倍。同样，慢性病门诊用药治疗也是笔不小的开支，特别是对需长期终身服药治疗的贫困患者，用药负担比较重。淅川县的同志反映，在淅川大病发生的概率很低，大概是5%—10%，这些疾病可以通过建立多层次的医保网给予托底保障，但对一些慢性病患者需要长期服药治疗，医保又不给予报销或报的比例很低，不少家庭难以支付，有的就干脆放弃服药，结果导致小病拖成大病、大病致贫返贫，最终还得政府管，代价很大。可以说，对慢性病的用药保障问题一直是健康扶贫的一大"痛点"，也影响到实现人人享有基本医疗卫生服务目标。

**第二，慢性病的种类很多，但对人们造成危害最大的主要是高血压和糖尿病。**一是这两种疾病的发病率很高，发病人数众多。目前，我国18岁及以上居民高血压患病率为25.2%，其中城市为26.8%，农村为23.5%；糖尿病患病率为9.7%，其中城市为12.3%，农村为8.4%。按此推算，我国18岁以上居民患有高血压人数为2.8亿，糖尿病患者为1.08亿人。二是对人体健康造成危害大。全球疾病负担研究显示，2016年中国由于高血压导致的死亡人数为230万例，占人群总死亡数的23.8%。高血压和糖尿病还是诱发其他大病的"元凶"，特别是其引发的脑卒中、冠心病等并发症，具有高致残率、致死率，危害极大。比如，高血压是心脑血管疾病首要危险因素，超过50%的心脑血管疾病与高血压有关。脑卒中患者中77%有高血压病史，心肌梗死患者中69%有高血压病史。糖尿病是发生肾衰、失明、截肢、心肌梗塞以及脑卒中的主要原因。

三是这两种疾病在致贫返贫中最为突出。国家健康扶贫监测报告显示，截至2018年6月底，贫困患者前十位的病种中排在前三位的分别是高血压、心脑血管病、糖尿病。我们走访调研的8户贫困家庭，有5户家庭有高血压和糖尿病患者。淅川县有关同志说，把这两种疾病管好了，可以解决农村70%以上的因病致贫返贫问题。因此，加强高血压、糖尿病管理，对打好脱贫攻坚战也具有十分重要的意义。

**第三，服药干预是预防控制高血压和糖尿病的最有效措施。**对两种疾病通过服药等措施进行管理，既可以减少小病变成大病导致的大额医疗费用支出，还能有效降低致死率、致残率。多数国家对这两种疾病都建立了用药保障机制。比如，德国、法国等将其纳入医保进行报销，英国通过财政给予补贴，加拿大等纳入公共卫生服务包向居民免费发放。我国在这方面还是个空白，导致了高血压、糖尿病的治疗率和控制率均低于中等收入国家的平均水平，更低于高收入国家。如美国35岁以上的高血压患者，开展服药治疗的超过80%，血压得到很好控制的超过60%，而我国高血压服药治疗的只有34%，控制率只有8.2%。这也是我国心脑血管病高发、成为危害人们健康第一“杀手”的重要原因。国家疾病预防控制中心研究显示，如从现在开始对高血压患者开展服药等干预措施，到2030年可以减少148万心血管疾病死亡，居民预期寿命提高1.6岁。

目前，国内不少地方开始探索对高血压、糖尿病等慢性病进行预防性干预。湖南省2018年5月开始对全省18岁以上的高血压患者用药保障机制，制定了三类保障目录：一是政府免费提供降压药目录，二是高报销比例降压药目录，政府给予报销50%，三是低报销比例降压药目录，政府给予报销30%，患者根据需要自行选择。山东青岛、济南等地将高血压、糖尿病门诊用药纳入家庭医生签约服务，向患者免费发放治疗药品。这次我们调研的淅川县，为解决贫困患者慢性病用药问题，专门建立了慢性病用药保障机制。淅川县根据贫困人口慢性病发病及门诊用药情况，对高血压、心脑血管疾病、糖尿病、精神疾病等19种门诊慢性疾病治疗，制定了报销标准和最高补助限额。比如，Ⅱ期及以上高血压患者在基本医保、大病保险和困难群众大病补充保险三次报销的基础上，对剩余合规医疗费用再报销70%，每月最高报销限额不超过150元。基层医疗卫生机构的同志说，按照这个标准，贫困高血压患者在乡镇卫生院就诊，用药报销的比例可达到94%，如果拿便宜的药，几乎不用花钱。淅川的做法不仅大大减轻了贫困人口的用药负担，找准了健康扶贫的“痛点”，更重要的是把健康扶贫的关口前移了，花钱又少，效益又好，还赢得了群众的好口碑，实现了一举多赢。

**第四，建立城乡居民高血压、糖尿病用药保障机制，财政能够负担得起。**目前，高血压、糖尿病预防性服药，对城市大多数家庭来说，都能负担得起，而且不少地方开始通过职工医保个人账户给予报销。现在职工医保个人账户基金结余较多，据了解，截至2017年底，我国职工个人账户累计结余超过6000亿元。建议从国家层面制定出台政策，明确规定将高血压、糖尿病用药纳入职工医保进行报销，这也是国际通行做法。

现在问题比较突出的是农村居民特别是贫困家庭，长期用药负担较重。淅川县一些贫困户，家中几乎无任何收入来源，一年最多的花销就是买药吃。如果通过新农合进行报销，由于其筹资水平比较低，就会影响到新农合住院费用的报销水平，甚至带来基金“穿底”风险。建议国家加大财政投入，对农村居民高血压、糖尿病用药给予专项保障。这方面的投入，财政是能够承担得起的。据测算，对无合并症的高血压患者，统筹考虑单药、两药和三药联合治疗方案，一名高血压患者一年用药平均费用约 64 元，糖尿病患者约 815 元。按照农村 6 亿人口测算，18 岁以上高血压患者为 1.13 亿人，用药总费用约 72 亿元；如果对每名患者按 70%给予补助，需要财政投入 50 多亿元。农村糖尿病患者 0.4 亿人，用药总费用约 326 亿元，按照 70%给予补助，需要财政投入 220 多亿元。两个疾病需要财政支出约 270 亿元。有的专家说，如果把这两种疾病治疗药物纳入国家基本药物制度，通过集中招标、定点生产、统一配送，药品费用会大幅压缩，投入不会超过 200 亿元，但却能惠及 1.5 亿多高血压、糖尿病患者，而且还会节约很大的医疗费用支出。在投入方式上，建议从 2019 年提高的医保人均政府补助标准中拿出 20 元（总计约 200 亿元），专门用于建立高血压、糖尿病门诊用药保障机制。如果考虑 2019 年财政支出压力较大，可先从高血压门诊用药保障做起，然后逐步扩大到其他慢性疾病。

# 兜底保障扶贫应注意把握的几个问题

## ——脱贫攻坚专题调研系列报告之十四

孙慧峰　乔尚奎　王晓丹

兜底保障扶贫政策，是为完全丧失劳动能力和部分丧失劳动能力且无法依靠产业就业帮扶脱贫的贫困人口制定的扶贫政策，其中农村居民最低生活保障等社会救助制度和针对贫困人口的补贴等社会福利制度，是实现兜底扶贫的重要基础性制度。就如何实施和完善这些制度，我们与淅川县有关部门进行了座谈交流，结合调研前与有关部门座谈的情况，提出如下意见和建议。

### 一、应保尽保还存在隐忧，需进一步完善农村最低生活保障等制度

在淅川调研时，县里有关部门表示，有信心做好兜底保障工作，但同时也反映，农村低保制度在执行中面临一些问题和困难，应保尽保、保障到位存在一些隐忧。

一是保障对象认定中，存在多种不确定因素易导致“漏保”。由于农村居民的家庭收入和财产难以准确核算，有些收入就靠基

层干部估算，还有的地方制定“一刀切”的硬性条款。比如一些单独立户、与子女分开居住的老年人家庭，对其收入的核算中有一项是子女应承担的赡养费。淅川县规定，计算赡养费时最少应不低于低保标准的三分之一。但如果子女不孝、不赡养老人，或者子女收入不高、无力赡养老人的，特别是一些农村有女儿不养老的习俗，就容易导致老年人家庭收入的高估，该进低保的进不去。有的地方规定，只要亲戚中有人是公务员，就不能被认定为低保对象；还有的规定，家里有5头猪，或者5只羊、5头牛，就不能领低保。此外，一些基层政府和干部担心出错被问责，在低保认定上一般都从严从紧，存在宁肯少保、不要错保的心态。这些都是容易导致“漏保”的因素。

二是低保金实际发放中，部分存在保障不到位的情况。从全国看，不少地方县级财政是吃饭财政，民生保障方面的支出压力很大，社会救助资金也不足。根据相关规定，最低生活保障应按户施保、补差发放，但这两条现在还没有完全落实。据有关部门反映，现在大多数农村地区低保采取分档补助的办法，按人保的情况也普遍存在，这就导致低保的实际保障力度不强。淅川县也存在这方面的问题，低保标准分为三档，最高A类每月205元，B类155元，C类125元。我们实地走访了一家“以老养残”的三口之家贫困户，儿子40多岁是重度肢体残疾人，平时靠77岁且有慢性病的老母亲照顾，还有一个未成年正在上学的孙子。该户按B类档次享受低保，但2017年上半年实际上只领取了1人的低保金。此外，目前该户的收入主要包括低保、残疾人“两项补贴”、惠农补贴、生态补偿金、教育补贴等各种补贴性收入，还有一项是县财政贴钱发放的光伏发电分红（每年约3000元），全部加起来达到了扶贫标准。但要看到，由于政策调整等因素，光伏发电分红不太稳定，这块收入一旦降低或停下来，将需要低保加大力度才能确保兜底。

针对存在的问题，应进一步完善低保等社会救助制度，强化其兜底保障功能。一要更加合情合理地核算家庭收入。对于赡养费、亲属捐赠收入等，应据实核算，不能算空账。同时，对于家庭成员因残疾、重病等增加的护理等刚性支出，在核算收入时应适当扣减。住建、工商、公安、扶贫等有关部门应向基层民政部门开放信息查询途径，方便其核查低保对象家庭的收入和财产状况。二要逐步提高保障水平。现阶段可继续采取分档补助的办法，逐步提高每个档次的补助标准，更好保障贫困群众基本生活。有条件的地方要向补差发放转变，确保领取低保金的家庭都能真正脱贫，稳定实现“两不愁三保障”。三要科学合理考核问责。对基层干部的考核，既要看是不是错保，也要看是不是漏保，同时对因客观条件限制等造成的认定失误应予免责。

## 二、对贫困残疾人兜底还不够牢，应在普惠基础上采取更大力度的特惠扶持政策

贫困残疾人是贫中之贫、困中之困，需要更加精准有力的帮扶。截至 2017 年底，全国建档立卡贫困残疾人有 281 万，占未脱贫人口的 9.2%。其中，一二级的重度残疾人为 152 万，占贫困残疾人总数的 54%。对贫困残疾人来说，低保只能解决基本生活问题，他们在康复护理等方面还存在许多迫切需求，是一般性的普惠政策无法解决的，需要政府采取更多特惠帮扶政策。

一是贫困残疾人的特殊支出压力较大。一些地方将贫困残疾人家庭与一般贫困户同等对待，仅为其提供普惠的扶持政策。我们在淅川走访了一家一户多残的贫困残疾人家庭，丈夫、妻子和

儿子都是残疾人，政府给的各种补贴加起来每人每年有2000多元，但只能维持基本生活，无法满足其康复护理支出需求。如果想给丈夫请个护理，或者给孩子做康复，每个月至少需要2000元左右，开支一下子就上来了，仅靠现有补贴收入根本不能支撑。这种情况在全国也很普遍。有的重性精神残疾人需要两三个人照料，不仅护理支出大，也影响家庭成员就业，一个人就可能拖贫一个家庭，无奈之下甚至出现拿铁链把精神残疾人锁在家里的极端情况。还有许多病残一体的残疾人，需要长期服药，医疗自费支出占到家庭总收入的45%以上。残疾人面临的这些特殊支出需求，都使其比普通贫困户更难脱贫、更易返贫。

二是残疾人“两项补贴”标准低、覆盖面窄。许多地方都反映，残疾人“两项补贴”（困难残疾人生活补贴和重度残疾人护理补贴）标准太低。有的省困难残疾人生活补贴只有每月30—40元，护理补贴许多省为每月100元左右，连每天1小时护理服务都买不起。此外，一些地方将困难残疾人生活补贴与低保挂钩，许多在低保边缘的困难残疾人未被纳入。淅川县“两项补贴”的标准都是每人每月60元，但补贴资金省市县三级负担比例分别为3:3:4和0:2:8，县里要拿大头，算下来每年支出1000多万元。他们认为，现在建设项目资金都已经不要求深度贫困县配套，但民生方面资金还要深度贫困县拿大头，这导致政策不衔接、不一致，加重了贫困县的负担。

三是针对残疾人的康复和托养等服务严重缺乏。目前，全国建档立卡贫困残疾人中有近40%是精神、智力和重度肢体残疾人，其中一半以上有长期照料和康复服务的需求。但由于农村基层康复、托养等服务资源严重不足，这些残疾人只能靠家庭成员照料。全国建档立卡家庭中未入学的残疾儿童有2万多人，其中70%有康复需求，但大多数也没有得到康复服务，使本来可以改善的残疾状况变得更重。此外，贫困残疾人家庭无障碍改造也严重滞后，据中国残联调查，改造率仅为35%左右，这也成为影响残疾人脱贫和生活质量的重要方面。

针对贫困残疾人的特殊困难和特殊需求，应采取更加有力而切合实际的政策措施加以解决。一要坚持普惠基础上的特惠。在扶贫项目和资产收益分配时，应优先配置给因残致贫家庭，并适当提高折股量化和资产收益配置比例。推动更多残疾人康复项目纳入医保，加大对贫困残疾人的医疗救助力度。二要进一步完善残疾人“两项补贴”制度。“两项补贴”是帮助残疾人摆脱贫困的重要制度支撑，应逐步提高补贴标准、扩大覆盖面，更好发挥其在兜底保障中的作用。对于“两项补贴”所需资金，中央应加大对贫困地区的支持力度，省、市也要相应增加投入，减轻或者免除深度贫困县的资金配套压力。三要加大社会服务兜底工程实施力度。发挥农村敬老院等托养机构作用，在满足特困人员集中供养的前提下，为建档立卡贫困家庭中的残疾人、失能老年人等提供集中托养或日间照料等服务，还可采用政府补贴、购买服务等方式，借助公益社会组织等力量，探索贫困残疾人社会化照料等政策。积极为贫困家庭的残疾人特别是残疾儿童提供医疗康复、功能训练、辅具适配等基本康复服务，在农村危房改造、易地扶贫搬迁中同步做好残疾人家庭无障碍设施规划和建设，提高残疾人生活质量。

## 三、注重兜底保障的有效性和可持续性，加强农村低保制度与扶贫政策的有效衔接

兜底保障不仅要帮助贫困人口脱贫，还要注意防止脱贫再返贫和相对贫困等问题，确保脱贫成果更巩固、更可持续。调研中

发现，尽管相关部门加强配合，促进低保工作和扶贫工作更好衔接，但实践中还有一些问题需要加以重视。

一是少数地方片面追求提高低保与扶贫的融合度。由于农村低保对象和建档立卡贫困人口重合度较高，脱贫人口中一般会有部分低保对象，有的地方为了避免考核时被视为低保“一兜了之”，于是硬性要求降低两类对象重合比率，相当于低保和扶贫政策“二选一”，影响兜底保障和扶贫的有效性。还有一些地方对贫困发生率和低保覆盖面的关系理解不准确，将贫困县摘帽时允许存在的贫困发生率2%或者3%片面理解为脱贫后的农村低保覆盖面，于是要求低保覆盖面也必须降低到2%、3%以下，低保政策过早撤出，使一些边缘户被调出低保、极易再次陷入贫困。

二是随着低保标准提高，出现少数人脱贫内生动力不足问题。截至目前，全国所有县（市、区）的农村低保标准均达到或超过国家扶贫标准。其中，淅川县2018年扶贫标准是每人每年3400元，农村低保标准是每人每年3550元。随着低保标准提高，少数人“等靠要”思想抬头，有的贫困人口本身有劳动能力，但也等着政府来兜底保障，参加产业就业扶贫项目的积极性下降。这也增加了低保的负担。

我们建议，一要实事求是确定低保覆盖面，不能人为硬性限制比率。根据各地实际，应允许有的地方脱贫“摘帽”后低保覆盖面高于3%。实施“低保渐退”政策，在脱贫攻坚期内，对于纳入农村低保的建档立卡贫困户人均收入超过当地低保标准后，给予一定时间的渐退期，实现稳定脱贫再退出低保范围。二要合理制定农村低保标准。既要保证农村低保标准动态、稳定地高于国家扶贫标准，也要充分考虑地方财力和发展水平，避免低保标准定得过高、增长过快，否则就可能吊高胃口、形成依赖，甚至产生低保户与非低保户的“悬崖效应”，地方财政也难以支撑。三要防止养“懒汉”。应进一步明确，兜底兜的是无劳动能力、无法通过产业就业帮扶脱贫的贫困人口，重点是贫困老年人、残疾人。对于有一定劳动能力、无正当理由拒不接受政府介绍的工作、拒不参加扶贫项目的个别“懒汉”，应当阶段性取消其本人的低保金，直至促使其参加就业。同时，实行奖惩并举，对于实现就业的低保对象，在核算其家庭收入时，可以适当扣减必要的工作成本，形成正向激励。

# 进一步完善扶贫协作机制

## ——脱贫攻坚专题调研系列报告之十五

张凯竣　刘一宁

扶贫协作是中国特色贫困治理体系的重大创新，是推动区域合作、促进精准扶贫的重要抓手。近年来东西部扶贫协作扎实推进，有力带动了贫困地区经济社会发展和民生改善，同时也存在着机制不完善、推进不平衡、供需不匹配等问题。河南省淅川县与北京市朝阳区是南水北调工程对口协作区县，近年来双方围绕“助扶贫、保水质、强民生、促转型”目标，开展了全方位多元化交流合作，取得了积极进展和成效，也面临着一些问题和挑战。两地对口协作虽然不属于国家东西部扶贫协作的结对范围，但工作中取得的经验和遇到的问题都值得东西部扶贫协作借鉴和重视。从朝阳区和淅川县的对口协作实践来看，做好扶贫协作，要逐步改变简单给钱给物的帮扶方式，把重点转移到产业扶持、市场对接、人才支持和社会动员上来，不断提高东西部扶贫协作成效。

## 一、强化东西部产业协作优势互补，增强贫困地区自我发展能力

不论是实现贫困人口稳定脱贫，还是激发贫困地区发展内生动力，都离不开产业的有力支撑。协作双方所处的经济发展阶段不同，产业结构和资源禀赋的互补性强、协作空间大。近几年，朝阳区先后多次举办经贸洽谈会、项目推介会等活动帮助淅川招商引资，共促成生态环保、旅游开发等方面项目 119 个，合同投资额 134 亿元。淅川县积极组织汽车零部件龙头企业赴北京对接洽谈，先后与北京多家厂商达成配套供货意向。这些协作举措有力推动了淅川县主导产业做大做强。

开展扶贫协作，东部地区不仅要给贫困地区必要的资金支持，更要重视开展产业的合作，增强贫困地区造血能力。推进产业协作，一方面要坚持市场导向，围绕产业梯度转移和产业链配套延伸搭建合作平台，让东部地区在带动贫困地区发展的同时也能拓展自身产业发展空间。另一方面，要重视建立互利共赢的利益分享机制。据有关方面统计，现在参与扶贫协作的民营企业中真正通过发展产业进行帮扶的仅占 37.4%，缺乏回报是主要原因。要引导有志于扎根西部、帮助西部发展的东部企业，把更多的资金、技术、项目投到西部，必须加强政策扶持、优化营商环境，让企业进得来、留得住、有合理回报，这样才能壮大帮扶力量，拓展产业协作的深度和广度。

## 二、强化农产品市场对接，充分发挥发达地区市场需求对贫困地区发展的拉动作用

西部贫困地区优质农产品丰富，东部发达地区特别是一二线

城市市场需求广阔，农产品产销对接是扶贫协作中大有可为的重要领域。近几年，朝阳区先后将淅川县78种优质农产品引入北京市场，通过“菜篮子”工程进驻北京21家超市、600家直供店，覆盖500多个社区，北京电商企业还通过搭建网上平台，为淅川商户进行产品营销和品牌推广。在农产品市场对接中也存在一些问题，主要是贫困地区大都以农户家庭等小散生产模式为主，产业化能力不足，难以保障长期稳定批量供应。另外，由于交通运输不便利、仓储配送不完善、检验标准不统一等，生产流通的标准化、可追溯性不够，导致产品质量参差不齐，影响了消费体验和品牌形象。

拓宽贫困地区农产品销售渠道，发挥产销对接在扶贫协作中的积极作用，要坚持政府引导、社会参与、市场运作、机制创新，多方面激发消费能力和潜力，降低农产品产销成本、提高质量效益，着力构建贫困地区与消费地之间稳定的购销关系。一要鼓励各级党政机关和国有企事业单位将贫困地区产品纳入采购范围并优先采购。二要鼓励东部大中型连锁超市、便利店、电商平台等积极对接贫困地区，建立“生产基地＋加工企业＋商超销售”“生产基地＋中央厨房＋餐饮门店”“电商＋龙头企业/合作社＋农户”等多种形式、相对稳定的产销关系。三要鼓励东部企业到贫困地区开展订单生产，并建立种植养殖示范基地，推广新品种、新技术，提高生产组织化、标准化水平，提升农产品质量。通过产销合作，全面推进贫困地区农业提质升级。

## 三、强化协作双方党政干部挂职交流，为扶贫协作提供有力的人才智力支撑

选派优秀干部人才到对口地区挂职，是扶贫协作的重要内容，

是促进协作双方观念互通、思想互动、技术互学、作风互鉴的有效方式。过去四年，围绕对口协作需要，朝阳区累计选派 9 名处级干部赴淅川挂职，淅川县共选派 26 名干部到朝阳区学习锻炼，形成了干部双向交流的良好局面。挂职干部积极投身一线，融入当地发展，充分发挥示范引导和参谋助手作用，为两地扶贫协作深入开展架起桥梁和纽带。朝阳区一些干部挂职结束返京以后依然与淅川保持紧密联系，为当地企业投资、项目合作等牵线搭桥，关心支持贫困地区发展。

深化扶贫协作，要继续加大干部挂职锻炼力度，广泛开展人才交流。东部地区要选优配强扶贫协作干部，发挥他们知晓两边情况、联系协调双方的优势，更好推进扶贫协作项目落地。要有针对性地增加选派教育、卫生、科技、文化、社会工作等贫困地区紧缺的人才，把东部地区的先进理念、技术、信息、经验等传播到西部，加快西部地区脱贫攻坚步伐。西部地区要为各类帮扶人才提供好服务，充分发挥他们在脱贫攻坚战中的作用，同时也要积极输送干部人才到东部地区锻炼学习。

## 四、发达地区要强化宣传动员，形成多方参与扶贫协作的强大合力

广泛动员社会力量参与一直是我国扶贫工作的重要方针，东西部扶贫协作本身就是社会扶贫体系的组成部分。在朝阳淅川对口协作中，两地注重发挥一水相连的特殊联系，大力营造友好协作的社会氛围。朝阳区组织开展形式多样的活动，宣传淅川移民精神和特色文化，介绍淅川为南水北调工程作出的重大贡献和牺牲，不断提高对口协作的社会影响力，凝聚起朝阳人民关心淅川、回报淅川的思想共识。从全国情况看，尽管扶贫协作理念日益深

入人心，但在实践层面仍然以政府直接推动为主，一定程度上存在“政府热社会冷”的情况。协作项目大都是政府资金直接支持，企业特别是民营企业往往是调研对接多、投资落地少，社会组织和个人参与度也有待提高，扶贫协作还存在着动员组织不够、政策支持不足、体制机制不完善等问题。

脱贫攻坚任务艰巨，需要更加广泛、更加有效地动员和凝聚各方面的力量。在扶贫协作过程中，结对帮扶地区要合理构建企业、个人和社会组织参与扶贫协作的有效机制，出台相应激励措施，组织各界力量参与支教支医、捐资助学、志愿服务等扶贫活动，帮助有意愿投身扶贫事业的社会主体对接渠道、搭建舞台。在充分利用主流媒体等传统宣传阵地基础上，帮扶地要多形式、多渠道开展宣传动员，激发社会各界帮困济贫的责任感和热情，以扶贫协作为纽带，形成协作双方交往融合、携手共赢的良好局面，不断拓展社会力量参与扶贫协作的深度和广度。

总之，强化扶贫协作，要进一步提高工作的针对性、精准性和有效性。东西部扶贫协作不是简单“输血”，而是在了解需求的前提下，精准对接、对症下药，从贫困地区的脱贫实际需求出发，真正“雪中送炭”，切实做到“缺什么、补什么”。要坚决纠正只管给钱不问效果、协作资金使用分散“撒胡椒面”、产业项目缺乏论证盲目上马、援建设施标准过高脱离实际等不良现象，瞄准薄弱环节，加大攻坚力度，既重视解决当前突出问题，又着眼长远促进贫困地区和贫困群众自我发展能力提升，使扶贫协作的制度优势进一步转化为脱贫攻坚的实际成果。

# 贫困地区要加大“放管服”改革力度

## ——脱贫攻坚专题调研系列报告之十六

王晓丹　乔尚奎　孙慧峰

“放管服”改革是激发市场活力和社会创造力的关键之举。贫困地区在资源禀赋、基础设施等方面先天不足，更需要在“放管服”改革上做文章、下功夫，打造具有吸引力和竞争力的营商环境，激发投资创业热情，以“软环境”优势弥补“硬环境”劣势，增强脱贫发展的内生动力。我们在淅川县就深化“放管服”改革、助力脱贫攻坚问题进行了调研，现将有关情况报告如下。

### 一、贫困地区要以更大力度推进简政放权改革，为脱贫发展清障开路

贫困地区市场发育滞后、市场体系不健全，政府主导作用比较强、对微观主体和具体事务管得比较多。在简政放权中，贫困地区面临着双重任务，既要大力向市场放权、为市场主体松绑解绊，也要培育更多市场主体、加快健全市场体系。从调研的情况看，一些贫困地区在这两方面的进展都不够快。比如，淅川县近几年

新增市场主体增长速度低于全国和全省水平，其中 2017 年新登记企业数同比增长 9%，远低于同期河南省新登记企业 24.4% 的增速。这里既有贫困地区自身的原因，也有上级政府相关政策不完善导致政策传导不顺畅、不衔接等问题。近年来，从中央到省市政府取消、下放了大量行政审批等事项，取得了明显成效，但还存在部分事项因为种种原因不能落地，影响基层和群众的获得感。有的是部门审批工作不协调、不同步。县里反映，不少扶贫项目需要上级发改和财政部门进行项目和资金审批，本来是可以两个部门联合发文、同步审批的事项，但由于缺乏互相衔接，审批进度差异很大，有的项目批下来开工了大半年，资金却还没批下来。有的是放权不配套。有些审批权虽然下放了，但审批相关的检测、检验、评审、鉴定等中介服务事项仍要到省里、市里办，企业和群众还是要来回跑，甚至比以前更麻烦。如淅川县反映，电梯等特种设备使用安装审批权已经下放给县里，但相关安全检测仍需要南阳市派人来做，由于近年来房地产业发展很快，检测需求量巨大，导致这方面工作耗时还是较长。还有的放权事项到下面难落实甚至收紧。比如，国家招投标法规定，200 万元以上的工程建设项目必须招投标，200 万元以下可由各地自行决定。但到了地方，招投标往往成了僵硬的要求，有些二三十万元的小项目也要走完整套繁杂的招投标程序。淅川县反映，一个招投标项目仅财政方面的评审就得做 4 次、至少花费 3 个月，招投标费用一般占到项目总投资的 15%—25%。其他地方这类情况也很普遍，有的给贫困户盖房子要 17 个部门审批，改造个厕所也要招投标。

提高简政放权成效，一方面贫困地区要增强主动性，勇于打破条条框框束缚，大胆闯、大胆试、自主改、放手干；另一方面中央部门和省市权力事项要全链条取消或下放，强化各方协同、打通各层级梗阻。对与审批事项配套的检测鉴定等中介服务事项，特别是量大面广、技术含量不高的，应推动向基层下放延伸，最大限度方便企业和群众。推进工程建设项目分类审批，对一些资金量不大而且群众急需的扶贫项目，应进一步简化审批流程和招投标手续，促进扶贫项目早落地、早见效。

## 二、强基层、严监管，提升综合监管能力和水平

基层是加强事中事后监管的主阵地，大多数监管任务最终要落实在县乡层面。从淅川调研看，当前基层监管仍比较薄弱，有许多亟待补齐的“短板”。

一是综合执法改革有的停留在“物理整合”层面，还须实现能力提升的“化学变化”。当前综合执法改革正在从上到下逐步推开，但基层执法队伍在整合过程中也遇到一些问题。首先是工作衔接不及时，容易出现断档。比如，淅川有家企业想利用当地水果资源优势投资兴办果酒厂，本来新产品的质量检测在县质监局就能办理，但由于市县工商和质检机构合并，相关职能已划转，人员和设备却未划转，造成工作停顿，企业只能到省里做检测。再就是人员数量和专业性难以保证。随着市场综合监管任务不断加重，基层普遍感到工作压力越来越大，人员编制明显不足。同时，市场综合监管涉及500多部法律法规和相应专业技能的整合运用，客观上要求监管人员须具备“全科医生”式的知识和技能，这在短期内很难做到。像淅川县工商、食药部门合并后，大量原工商监管人员尚不具备食药监管知识和技能，难以适应履行综合监管职责的要求。此外，基层监管还缺乏必要的技术手段。目前淅川县工商食药监局只能检测18项药物，不能检测食品，办理相关案件要到郑州、洛阳送检。县国土局对违规采挖矿山执法，相

关证据鉴定要由省国土厅指定的第三方机构出具，其中仅简单的丈量采挖面积一项就要收费3万元。为强化基层监管，应把省市监管力量和资源进一步向县乡基层下沉，监管职能下放后，人员和编制应“人随事走”、同步下放。加大业务技能培训力度，配备必要执法装备和检测设备，切实增强基层监管人员专业化能力，提高综合执法效能。

二是信用监管和联合惩戒在基层难以有效运用，需要进一步加强。基层反映，开展“双随机、一公开”监管，如果没有信用自律和严惩重罚配合，作用就会大打折扣。目前国家信用信息系统建设向基层延伸还不够，关于企业的信用信息分散掌握在各部门手中、难以相互关联，基层查处的违法违规企业真正纳入黑名单并实施联合惩戒的还比较少。另外，大量无证无照企业游离在监管之外，无法纳入抽查范围，导致越是容易违法的，越查不到、罚不了。这就需要从国家层面做好顶层设计、完善相关制度，推进“双随机、一公开”监管与信用监管有机结合，随机抽查与全覆盖检查、重点检查有效衔接，使监管更加有力有效。

三是农村地区容易成为假冒伪劣产品的集散地，应将净化农村市场作为监管的重点。现在一些农村地区，“八个核桃”“康帅傅”等冒牌食品以及假种子、假农药、假化肥大行其道，严重损害了农民利益。调研中，淅川县也反映了相关情况。一方面，农村居民收入和消费水平相对较低，而且识别能力弱、维权意识差，给制假售假以可乘之机；另一方面，农村监管力量较为薄弱，存在不少监管漏洞。对此，地方政府应针对农村地区制假售假行为易发多发、违法主体经常改头换面的现实情况，既进行重点抽查和集中整治，也加强日常巡查打击，并推动各地区、各部门联动，对问题产品流入地、流出地和中间环节顺藤摸瓜、一查到底。

对制假售假行为，应严惩重罚，大幅提高其违法成本。

## 三、贫困地区应在优化服务上下更大功夫，打造以服务助力脱贫发展的竞争新优势

改善营商环境离不开优质高效的政府服务，对贫困地区来说，更应当以高标准提供更优服务，从而在发展中赢得竞争优势。

一是贫困地区企业发展对政府服务需求更迫切，应努力提高服务的针对性和有效性。由于地处偏远、信息不畅、基础配套条件较差、第三方服务机构发育不足等原因，贫困地区企业更需要政府提供相应服务和扶持。近年来，淅川县在这方面做了不少工作，县里成立了企业服务领导小组，县领导分包110家工业企业，协调各部门和机构出台不少具体措施，为企业排忧解难。县里还搭建电商产业园等创新创业平台，吸引了不少在深圳、郑州等大城市工作的年轻人返乡创业。在淅川这样的贫困县，能有淅减集团和福森药业两家本土企业在香港联交所上市，这是很不容易的，企业和社会普遍认为，是政府服务在其中发挥了很大作用。贫困地区政府必须增强服务意识，主动为企业破解发展中遇到的难题。比如，在人才方面，要出台优惠政策、做好配套保障，吸引大学生村官、“三支一扶”人员以及各种专业技术人才到贫困地区创业发展。除了政府直接为企业服务，还要大力培育发展各种专业协会、农村合作社等，扩大服务覆盖面。比如，淅川县通过扶持一个水产养殖协会，为上百家企业提供育苗基地、技术培训等服务，起到了“四两拨千斤”的放大效果。

二是国家的一些优化服务举措在贫困地区落实存在困难，应结合实际进一步创新服务方式。贫困地区特别是偏远乡村的群众，进县城办事不容易，更需要政府服务能够“只进一扇门”“最多

跑一次”和“一网通办”，但目前这些方面在淅川等贫困地区落实还有差距，也存在实际困难。比如，由于有的贫困地区特别是偏远山区群众获取信息渠道有限，再加上一些政府部门办事指引不清晰，往往要跑上几次把材料准备齐全后，才能实现“最多跑一次”。有的地方政务服务大厅，只是提供受理材料的窗口，实际办理还得拿回各业务部门，没有真正做到“只进一扇门”。“一网通办”也面临不少困难，贫困地区群众许多还不具备上网条件或文化程度偏低，对网络和政务 APP 不爱用、不会用；一些政务服务网站数据也不联通，没法真正实现网上办事。类似问题在全国基层普遍存在，需要进一步制定和完善更加符合基层实际的优化服务举措，使利企便民措施真正落实到位。从近期看，对贫困地区特别是偏远山区来说，首先要加大相关办事信息公开力度，通过政务网站、广播电视报纸、乡村公告公示栏、电话咨询等途径，让老百姓能提前充分知晓办事的要件和流程，减少跑腿。同时，基层政府还应多提供一些面对面、手把手式的指导或代办服务，有条件的地方可定期提供上门服务，让农村群众办事更便利顺畅。

# 金融扶贫要把下放信贷审批权限和优化信用环境作为着力点

## ——脱贫攻坚专题调研系列报告之十七

史德信　王元

淅川县在金融支持脱贫攻坚方面进行了积极探索，也面临不少困难和障碍。淅川的实践和遇到的问题，对于做好县域金融服务特别是贫困地区金融服务具有一定启示和借鉴。现将我们调研的有关情况和建议报告如下。

### 一、淅川县金融扶贫工作的有益实践

近年来，淅川县用好用活金融扶贫相关政策，大力开展金融创新，对脱贫攻坚起到了有力支撑作用。

*一是有效落实扶贫贷款优惠政策。*中央有关优惠政策的落实为淅川县扶贫贷款提供了支持和保障，目前县农信社已获得5亿元扶贫再贷款，2018年新申请的2亿元也已获批，成为发放扶贫贷款主要的低成本资金来源；农信社和农行因新增存贷比等指标

达标，还享受了差别存款准备金率政策，释放可贷资金1亿多元。由省扶贫搬迁投资公司统贷的易地扶贫搬迁贷款资金4425万元已拨入农发行淅川支行，有待在项目建设中使用。

二是结合本地实际创新扶贫贷款模式。县政府与农信社、农行和邮储银行签订协议，开展“5万元以下、3年期以内、免抵押免担保、基准利率放贷、扶贫资金贴息”的扶贫贷款，收到较好效果。截至2018年6月底，全县各类扶贫贷款已发放8.58亿元，惠及贫困户2.27万户。除贫困户直接贷款模式外，河南省还探索由带贫企业享受基准利率和财政贴息2个百分点政策，然后每年给每户贫困户3000元分红，并从流转土地、就业等方面支持贫困户脱贫，淅川县在此模式下推出了光伏贷、金银花贷、软籽石榴贷等特色扶贫产业贷。截至2018年6月底，发放产业贷和带贫企业贷款7.6亿元，规模和效果比贫困户直接贷款更大。

三是建立有效的风险分担机制。在河南省农信担保和再担保集团的支持下，淅川县建立了针对扶贫贷款的风险分担机制，由县财政出资设立的风险补偿金、银行、省农信担保、省再担保“四方共担”扶贫贷款的实际风险损失，对贫困户直接贷款按3∶1∶4∶2的比例分担，对带贫企业贷款按3∶2∶3∶2的比例分担。

四是建立农户信息采集信用评价体系。通过建立农户信用档案，对农户进行信用评级，有效缓解了扶贫信贷和普惠金融服务的信息不对称问题。此项工作分批推进，首批涵盖建档立卡贫困户，第二批涵盖非贫困户，目前全县已有近14万农户完成信用评级，农户有信率达92%，贫困户有信率达95%。

五是延伸金融扶贫服务触角。政府方面，在全县15个乡镇和490个行政村设立乡镇金融服务站和村级金融服务部，可以接收贫困户的扶贫贷款申请，并代为递交至合作银行。金融机构方面，以地方性金融机构为主，以设立普惠金融服务站、农民金融自助服务点、惠农支付服务点及流动银行车服务等多种方式，实现行政村金融服务全覆盖。

淅川县金融扶贫工作已经取得较好成效，一些贫困户用扶贫贷款发展起了养殖业，顺利实现脱贫；光伏产业贷不仅使 1.57 万户贫困户年均增收 3000 元，还带动相关贫困村的集体经济年均增收 2.1 万元。总的看，金融扶贫使当地贫困群众获得了实实在在的利益，也增强了地方经济发展后劲。

## 二、金融服务实体经济和金融扶贫面临的问题

调研中发现，淅川县在金融支持实体经济和脱贫攻坚方面仍面临一些障碍，其中不少属于县域特别是贫困县的共性问题，需要国家金融管理部门、各级地方政府、金融机构等共同努力推动解决。

一是金融扶贫政策性贷款的使用效率有待提升。比如，县农发行 2017 年 8 月就收到了省级拨付的易地扶贫搬迁贷款，但目前资金尚未使用。背后的原因，一方面是易地扶贫搬迁贷款采取省级统借后拨付县级使用的方式，贷款发放时间与各贫困县搬迁项目实际建设进度难以很好匹配；另一方面，县级相关主体间的沟通衔接也不够顺畅。

二是大银行“抽水机”效应明显。截至 2018 年 6 月底，淅川县各项贷款余额 119 亿元，存贷比仅为 50.6%。拉低存贷比的主要是大型银行的分支机构，地方性中小银行的存贷比相对较高，比如有两家分别达到 68.7% 和 64.3%。大型银行分支机构反映，造成自身贷款规模小的原因，主要是贷款审批权限由上级行掌握，基层行没有贷款审批权，造成企业申贷耗时长，加之基层行信贷人

员无权却要担责，放贷积极性不高。

三是担保机制运行缺乏可持续性。淅川县早在2009年就以财政出资为主设立了融资担保公司，主要为中小微企业提供融资担保。但由于代偿后以诉讼追回代偿损失遭遇执行难，以及银行强扣担保公司保证金，导致担保公司运营难以为继。此外，有的地方出台政策，明确在财政预算中安排资金，用于补偿本级财政出资控股或参股的信用担保机构发生的代偿损失和补充风险准备金，但此项政策未充分落实。

四是金融生态状况不容乐观。据反映，当前银行体系征信信息、工商税务法院判决信息、地方建立的农户信用信息系统等都互不连通，给金融机构使用信用信息带来困难。在社会信用体系不能产生有效约束的情况下，各类主体不同程度存在诚信缺失问题。银行方面，骗收、停贷等时有发生，如2014年淅川某家企业经营困难导致债务违约，涉及十几家银行，部分债权银行因此联合将淅川县列为高风险地区，"一刀切"停贷。企业方面，转移资产、恶意逃废债事件层出不穷，一些企业甚至在"不守信"上攀比，有还款能力的也"跟风"欠贷欠息。此外，淅川县企业间互保联保较为普遍，互保圈出现信用违约连锁反应，造成行业性信用违约或大额信用违约的事件时有发生。

五是地方潜在金融风险需要高度关注。作为县域金融服务主力军的地方性中小银行，普遍面临资产质量恶化、不良率高的问题。地方性中小银行的资产质量问题，既直接影响地区金融风险状况，也制约了服务地方经济的可持续性。同时，基层金融监管力量薄弱问题突出，对风险防范化解十分不利；县级金融办同样缺编制、缺专业人才，不得不借调人民银行和银监办人员开展风险处置工作。

## 三、改进金融服务和金融扶贫工作的建议

解决淅川县等贫困地区金融服务和金融支持脱贫攻坚中的问题，应更多使用结构性政策。建议有针对性地改进金融监管，加快融资担保和社会信用等体系建设，并不断优化贫困地区的金融服务和金融生态，逐步形成金融、实体经济良性互动的局面。

一是进一步完善金融扶贫政策落实的相关机制。对各类已出台的金融扶贫政策进行动态监测，及时掌握基层实际获得政策支持、使用政策性贷款资金等情况，并根据实际在操作层面适当改进，既要避免政策落实不及时影响扶贫工作进展，又要减少不必要的浪费，以增强政策效应。

二是推动基层信贷扩权。要求大型银行对基层分支机构放权，赋予一线分支机构贷款审批权，强化分支机构信贷人员激励。适当调整银行基层分支机构监管指标，对包括贫困地区在内的经济欠发达地区县级银行分支机构，设定存贷比下限监管指标，限制抽走金融资源的机构在本地吸储。提高贫困地区县级银行分支机构支农支小贷款相关监管指标的权重，促进信贷结构向更有利于全面脱贫的方向调整。进一步落实扶贫贷款、小微企业和“三农”贷款等的不良容忍度和尽职免责要求。

三是加快完善政策性担保体系。发挥好国家融资担保基金的作用，研究直接惠及贫困地区的运用方式，确保贫困地区切实获得政策性资源。支持地方政府建立完善政策性担保机构国有资本金、风险准备金持续补充机制，保障担保机构的运营能力。

四是优化信用环境。在政府部门间信用信息连通共享的基础上，加快发展规范的第三方征信服务。鼓励地方整合各类信用信息、建立统一的企业和个人信用体系，改善地区信用环境和金融生态。

支持已建立农户信用档案的地方继续探索将农户信用档案与扶贫贷款、普惠金融服务紧密结合的方式和途径，并对相关经验做法加以复制推广。对贫困地区探索信用体系建设适当给予支持。

*五是有效防范化解风险。*地方政府应积极发挥作用，对有发展潜力、暂时遇到困难的企业，组织债权人共同协商、实施必要的措施帮助企业解困，降低信用风险和债权人整体损失。一些贫困地区的扶贫贷款近两年增加较快，要在适当提高风险容忍度的同时，探索多方面加强风险监管。尽快增加基层银监办、金融办等机构编制，适当调度人民银行、银监办等专业监管力量，充实地方的金融风险监控和处置力量，强化基层金融风险防线。

# 在提高扶贫资金使用质量和效益上狠下功夫

## ——脱贫攻坚专题调研系列报告之十八

肖炎舜　潘国俊

近期，我们对淅川县扶贫资金问题进行了调研，并与有关部门进行了座谈。从了解到的情况看，各级政府加大扶贫资金投入力度，资金保障是有力的，关键是在加强资金管理、提高资金使用效益上还要下功夫。为此，我们提出以下建议。

### 一、抓好“五个强化”，确保扶贫资金花得更好、花出效益

近年来，各级政府都把脱贫攻坚摆在财政保障的重要位置，扶贫资金规模显著增大。党的十八大以来，中央财政补助地方专项扶贫资金年均增长21.6%，比同期中央财政支出快13.3个百分点。淅川县这两年扶贫资金占到全县财政支出的五分之一。综合各方面情况看，扶贫资金规模可以满足现行扶贫标准下贫困人口脱贫

需要，关键要用好管好，着力提高使用效益。

一是强化现行扶贫标准的执行力，避免陷入“福利陷阱”。整体看，贫困县能够按照现行扶贫标准，精准安排使用扶贫资金。但也有一些贫困县存在调高标准、吊高胃口的问题，既损失浪费资金，还有可能留下后遗症。比如，有的贫困县投入较多资金，用于贫困村绿化全覆盖，包括道路绿化、公共绿地绿化、房前屋后绿化等，这不是贫困村急需的。再比如，交通脱贫的标准是每一个行政村有一个安全畅通的出口通道，但群众对交通扶贫期望高，有的贫困村将户户通项目都报上来，这种要求不满足，群众意见还很大。

扶贫资金的使用既不能降低标准，也不能擅自拔高标准、提不切实际的目标。否则，脱贫攻坚期结束后，这种高标准高投入将难以持续。要督促各有关部门和地方着力优化扶贫资金的支出结构，强化扶贫项目资金绩效管理，把钱用在刀刃上。用好财政专项扶贫资金绩效评价结果，财政专项扶贫资金向绩效评价高的地方适度倾斜，形成正向激励。

二是强化扶贫资金使用的产业导向，增强对稳定脱贫和经济发展的持续支撑能力。产业扶贫是最重要的脱贫手段，资金使用应聚焦这个重点。贫困县普遍建立了县乡两级产业项目库，并及时根据实施情况动态调整项目库，努力解决“资金等项目”问题。从实际情况看，很多贫困县用于交通等基础设施的比例较高，用于产业发展的项目资金比重较低。淅川县 2018 年用于产业扶贫的资金仅为 17%，用于基础设施的资金达到 52%。建议督促贫困县将产业扶贫作为各类扶贫投入的优先支持方向，努力实现可持续脱贫。同时，进一步强化产业扶贫项目的筛选和论证，找准产业扶贫切入口，因地制宜发展具有比较优势的产业。在促进企业发展的同时，让贫困群众也积极参与到扶贫产业项目中来，扩大贫困人口参与产业发展和就业务工的比例，激发其创造能力和发展活力，带动贫困户稳定增收。

三是强化全过程资金监管，确保扶贫资金安全运行、规范高效。贫困县普遍加强了扶贫资金项目绩效管理，建立健全公告公示制度，严格实行扶贫工程招投标制等，提高扶贫资金使用效率和效益。从程序上看，形成了全过程监管资金的流程，即由贫困村提出项目申请，经乡镇把关、县行业部门审核后，县脱贫攻坚领导小组行业组审定。建议进一步完善机制，创新监管方式，建立协同监管机制，提高监管效率。加强扶贫资金常态化监管，持续组织开展专项检查，切实提高财政涉农资金管理水平。

四是强化财政补贴等的引导作用，撬动社会资金投入扶贫。贫困县在加大财政资金投入的同时，也注重用好财政补贴等政策工具，激励各类企业和其他社会力量开展产业扶贫。一些贫困县运用扶贫小额贷款贴息政策，引导贫困户利用金融资金增强自我造血功能。比如，淅川县建立财政担保扶贫贷款风险基金，2018年基金总额达到2000万元以上。在一些乡镇的扶贫村，采取不同方式积极开展村企共建，鼓励企业通过订单农业、共建基地等方式参与扶贫产业发展。当前，民间投资增速放缓，建议进一步研究完善财政补贴、税收优惠、政府采购等方面支持政策，鼓励民间资本进入产业扶贫领域，既为民间资本找出路，也为扶贫事业增添活力，提高扶贫效率。

五是强化涉农资金整合，并有序扩大试点范围。2016年，全国选择了部分贫困县开展涉农资金整合试点，2017年扩大到全部832个贫困县并整合资金3286亿元。淅川县也是如此，不仅整合了中央、省、市下达的33类89项涉农资金，还将本县安排的财政专项扶贫资金、新增债券安排的扶贫资金，以及一年以上的结转结余资金收回，整合起来作为扶贫资金使用，努力做到“应整尽整”。2017年和2018年全县整合涉农资金4.2亿元和6.4亿元，分别比上年增长223%、52.4%。涉农资金整合后，县级政府统筹安排有关功能互补、用途衔接的涉农资金，有利于解决资金多头管理、交叉重复、使用分散等问题。建议加大贫困县涉农资金实质性整合力度，进一步下放资金项目审批权限，提高整合深度和质量。当前，涉农资金整合不均衡，非贫困县整合不够。要研究将贫困县行之有效的整合经验，逐步推广到非贫困县。

## 二、聚焦解决贫困县发展资金缺口问题，着力提升“三个能力”

贫困县多是“吃饭财政”，在发展经济和社会事业方面，资金缺口还比较大。要着眼更加长远的角度，增强贫困县可用财力，进而增强其发展后劲，使脱贫可持续。

一是完善转移支付，提升贫困县财政平衡能力。贫困县财力普遍不强，而且很多县生态脆弱，经济发展的制约条件较多，“保工资、保运转、保民生”支出压力大，财政收支矛盾较为突出。比如，淅川县2017年被确定为国家级重点生态功能区后，关停了一些企业和矿场，财政每年减收约2.5亿元。2017年，该县一般公共预算收入8.5亿元，支出44.2亿元，其中财政供养人员工资及附加性支出近12亿元。这反映出，大部分贫困县对上级财政转移支付依赖较强。在实施一般性转移支付时，要加大向贫困县倾斜的力度，并进一步考虑移民搬迁、库区水质保护等因素。在安排教育文化、医疗卫生等专项转移支付时，也适当给予倾斜。

二是加大政策支持力度，提升贫困县融资能力。一些贫困县负债较多，有的项目不具备收入来源，后续偿还压力大，潜在风险值得警惕。但也有不少贫困县债务规模不大，比如淅川县，2017年政府债务余额29.3亿元，在政府债务限额37亿元以内，一般债务率、专项债务率、综合债务率三项指标均在风险预警线内，即使再考虑融资平台公司累计融资5.9亿元，债务风险也总体可控。同时，贫困地区经济发展较为落后，基础设施等投资需求很大，但融资普遍困难，项目落地难。建议在防范化解地方政府债务风险的同时，对举债空间还较大的贫困县，进一步提高地方政府债务限额，扩大一般债券和专项债券规模。对那些具有良好社会效益、生态效益，是迟早要干、资金需求量也较大的PPP项目，适当降低投资门槛，比如适当放宽地方财政收入能力、地域等限制条件，确保PPP项目早日落地，推进贫困地区基础设施等建设。这样做，也能拉动有效投资，有力应对经济下行压力，在当前形势下具有重要意义。

三是把握好贫困村和非贫困村的关系，协同提升整体发展能力。脱贫攻坚期间，对贫困村的投入大幅增加，水、电、路、网络等基础设施发展较快，基本公共服务实现全覆盖，但很多非贫困村仍较为落后，不少方面还赶不上贫困村，甚至形成较大反差。下一步，要围绕实施乡村振兴战略，建立健全财政投入保障制度，完善乡村振兴政策体系，逐步推动各类村均衡协调发展。

# 现行扶贫标准必须严格执行

## ——脱贫攻坚专题调研系列报告之十九

刘一宁

稳定实现“两不愁三保障”，是国家确定的现行扶贫基本标准。中部地区贫困县贫困发生率降到2%以下，西部地区降到3%以下，是贫困县脱贫摘帽的基本要求。现行扶贫标准，是由我国经济发展水平特别是不平衡不充分的发展现状决定的，符合我国国情和发展阶段。世界银行专家也认为，如果把我国贫困户享受的安全饮水、学龄儿童营养午餐等公共服务算进去，我们的标准要高于联合国2030可持续发展议程确定的标准，高于人均3.1美元的国际标准。因此，总体看这一标准是科学合理的。党中央、国务院一再强调，脱贫攻坚一定要坚持现行扶贫标准，既不能降低标准，也不能吊高胃口。但从调研看，一些地方为确保顺利脱贫摘帽，设定不切实际的目标，在扶贫标准上层层加码，如果处理不好，就会造成负面影响，甚至可能留下后遗症，必须引起高度重视。

## 一、扶贫标准加码的主要表现

扶贫标准层层加码的主要表现是，一些地方在验收、督查、考核以及部署工作中，对贫困村、贫困户的收入标准、教育、医疗、住房以及基础设施公共服务等，提出过高的要求。

一是目标偏高。“三保障”是指义务教育、基本医疗和安全住房有保障，但有些地区把目标定得过高。有的地方义务教育巩固率还不高，就提出高中教育免费。有的地方提出贫困人口看病基本不花钱，95% 以上甚至 100% 的医药费均可报销。有的地方把解决住房安全扩大为给几乎全部贫困人口“免费盖新房”。

二是范围偏大。有些地区设定的扶贫标准远远超出“两不愁三保障”范围。不少地方对贫困村道路、通水、厕所改造、环境整治等都提出硬性要求。有的地方人口稀少，居住分散，也要求每个村有综合性的文化服务中心，包括一个文化活动室、一个文体广场、一个简易戏台、一个宣传栏、一套文化器材、一套广播器材、一套体育设施器材，设施利用率很低，造成浪费。

三是互相攀比。有些地区未摘帽贫困县对标已摘帽贫困县，标准、措施相应加码，甚至出现“县越穷标准越高”现象。一个县对贫困家庭人居环境卫生进行“五改一增”，其他的县就加码搞“八改一增”，要求对贫困户改入户道路、改院、改厕、改厨、改墙和地、改照明、改门窗、改圈、增添必要家具等。有的缺水的贫困山区县，农村饮水安全还没有全部解决，但改厕不仅要改为水冲厕所，还要男女厕分开，建设三级沉淀池。改厨对厨房墙面、灶台铺面都提出具体要求。改墙和地要统一白灰粉刷，通往主房、厕所、厨房的道路必须硬化，并达到一定宽度。改门窗，除了要求门窗完整外，对窗框、窗纱、玻璃也提出要求。改圈要求牲畜圈舍内壁平整、外墙刷白、地面硬化、确保无臭等。有的县乡村道路状况很差，一些主要道路都不能畅通，但对贫困自然村的农户入户路硬化率提出较高要求。

此外，在对贫困户的具体帮扶上，有的地方看到其他地方对贫困户送彩电，就提出要对贫困户送“彩电 + 冰箱 + 洗衣机”。有的地方不从实际需求出发考虑生态扶贫公益岗位设置，提出户户安排护林员，可能造成人人有责，又人人无责，加大投入，反而影响护林效果。

## 二、扶贫标准加码带来诸多不良后果

经济发达、财力充裕的地方，适当提高地方扶贫标准，是必要的。但那些贫困人口多、经济发展水平总体落后、脱贫很大程度靠外力帮扶的地方，提出远远超过“两不愁三保障”的扶贫标准，甚至提出很多东部发达地区都难以实现的指标，看似自加压力、有助于更好实现脱贫，但在实际中，既不利于提高脱贫质量、实现稳定脱贫，也不利于社会公平，还可能造成一些不利后果。

一是扶贫标准加码既增加脱贫难度，也加重地方财政负担、增加债务风险。设定过高的扶贫标准，将会大大增加脱贫难度，有的基层干部产生畏难情绪。有中部贫困县每年给每个贫困户的政府补助、帮扶资金等超过 2 万元，再算上移民搬迁、基础设施建设等政府投入更大。有的贫困县过度保障贫困群众医疗支出，医保基金出现严重收不抵支。本来中央和省级已经大幅增加了扶贫投入，但为了实现设定的过高目标，县里不得不大量借债，导致杠杆率攀升、金融风险升高。一些干部担心，高标准高投入下，即使咬紧牙关完成任务，恐怕也难以持续。如果脱贫以后支持力度减小，当前高投入支撑的脱贫成效也会相应缩减，到时可能引起群众的不满。

二是扶贫标准层层加码，在贫困村和非贫困村、贫困户和非贫困户之间政策差异大，形成“悬崖效应”。在贫困地区，达不到扶贫标准但生产生活存在一些困难的临界贫困村和贫困户普遍存在。相比于贫困村和贫困户能够享受大量政策帮扶，临界贫困村和贫困户受益较少。由于政府制定的退出标准高，贫困村在基础设施、公共服务、产业发展、集体经济收入等方面得到的支持远远超过非贫困村，几年下来，贫困村水电路网等基础设施一应俱全，而原来基础差不多的临界贫困村，却得不到任何帮扶，几年都没啥变化。相邻的村，贫困村的道路修好了，但夹在中间的非贫困村无钱修路，道路难成网，群众意见大。贫困户每年获得大量补助、优惠，原先收入水平相差不多的临界贫困户则无法享受。有的地方在易地扶贫搬迁中，贫困户不花一分钱就在镇上甚至县城住上了新房子，而非贫困户辛辛苦苦在外打工十多年，才在差不多的位置买上了新房，这造成非贫困户尤其是临界贫困户心理不平衡，有的甚至联名上访，不利于社会和谐稳定。不少地方都反映，贫困户对扶贫工作的满意度很高，但非贫困户的满意度较低。有的县涉及扶贫工作的信访大多数是来自非贫困人口。

三是扶贫标准加码引发帮扶手段简单化，会带来“福利陷阱”。扶贫标准过高，靠贫困户的努力难以达到，一些地方政府就大包大揽。有的产业扶贫项目将财政扶持资金投入企业，贫困户从中分红。还有的将享受政府贴息的贫困户每户5万元的小额贷款，转给企业或合作社等，贫困户每年获得分红，实际上是吃政府的贴息。调查中甚至有的贫困户提出希望将承包地转给政府支持的龙头企业，这样就用不着自己干活，可以拿不太低的流转费。光伏扶贫、资产收益扶贫等是脱贫攻坚中创造的新模式，是让贫困户享受发展成果的好形式，但如果演变成简单兜底，不利于激发贫困人口的内生动力。一些扶贫干部说，有的贫困户对项目不关心，希望政府最好给自己发钱，还有的贫困户没达到自己的要求，就不给帮扶干部签字认可。依靠输血式扶贫，大幅增加各类到户补贴、提高标准，一旦补贴项目中止，可能造成大面积返贫。

四是脱贫标准加码可能诱发短期行为，使脱贫攻坚“重硬轻软”。一些地方加码的扶贫标准中，主要是“硬件”方面。这导致地方政府将主要精力放在改善看得见、摸得着、容易“展示成效”的硬件设施建设上，对确保硬件建设发挥效果的体制机制、组织保障、管理培训等“软的制度”方面重视不够。有的地方花大钱建设高标准学校、医院，购买高端仪器设备，但对教师、医生等人才队伍建设重视不够，好的硬件不能发挥应有效益。有的地方跨越高山河谷修建公路，但对生态影响、维修管护成本和机制等缺乏制度设计和统筹考虑。有的地方易地扶贫搬迁，只注重盖房搬迁，忽视后续帮扶，对搬迁后解决就业创业，实现稳定脱贫缺乏系统安排。这些做法，使得“硬件”难以持续有效发挥作用，甚至可能造成巨大浪费。

## 三、几点建议

从当前各地的情况看，保持现有的支持力度和工作力度，完全有条件实现脱贫目标。在脱贫攻坚战的最后两年多，扶贫标准不能搞层层加码，必须坚持现行标准，切实把精准扶贫做扎实。既要让广大贫困户有实实在在的获得感，提高贫困人口的发展能力，巩固脱贫成果，也要积极借鉴脱贫攻坚中形成的好的发展思路，发扬脱贫攻坚中形成的好的工作作风，推进相关地区的协调发展。

第一，坚持现行标准，对不符合要求的坚决整改。脱贫攻坚是一项系统工程，既需要全力以赴，更需要科学推进，不能搞政绩工程，不能搞形式主义，不能搞层层加码。对擅自提高标准、层层加码的行为，要及时予以制止。这一点，应当在以后的检查、考核和退出评估时予以体现。

第二，坚持现行标准，还要突出质量，注重“软硬结合”。在注重硬件建设的同时，要特别重视加强软件建设。贫困地区医院、学校等公共服务机构，要重视相关专业人才的培训和培养。贫困村道路建设、河道整治、文化体育设施建设等，要“建管并重”，建立管护运行长效机制。另外，要在激发贫困群众内生动力上下足功夫，让“劳动光荣”“奋斗光荣”“脱贫光荣”的观念深入人心。

第三，坚持现行标准，还要留有接口，要与乡村振兴衔接好。坚持标准不是不前进，是为了接下来做得更好。当前，脱贫攻坚任务压力不太大的地方，除做好精准扶贫精准脱贫外，应当拿出一定比例的资金，用于基础设施建设、提供公共服务和支持产业发展上，做好与乡村振兴战略的衔接，让贫困村和非贫困村、贫困户和非贫困户都能从中受益，公平获得良好的发展条件和致富环境。

# 夯实稳定脱贫的基层基础支撑

## ——脱贫攻坚专题调研系列报告之二十

李传方　刘一宁

加强贫困村基层基础建设，是实现脱贫的重要支撑，也是下一步推进贫困地区乡村全面振兴的重大举措。在脱贫攻坚决胜阶段，应把建强基层组织、培养“带头人”、强化自身造血能力等基础性工作突出出来。从淅川县的做法看，要多措并举，内外发力，进一步加强贫困村基层基础建设。

### 一要把基层组织建设与促进产业发展结合起来

基层组织建设是贫困村基层基础建设的关键一环。一些地区农村基层组织建设之所以虚化、淡化、边缘化，主要原因在于抓手和载体不实，与农民群众关心关注的现实问题脱节。淅川县通过推动贫困村组织建设与产业发展融合，较好解决了基层组织劲往哪使，工作怎么抓的问题。

首先是围绕产业链提升基层组织的组织力。在村办企业、合作社、扶贫车间建立党组织，通过设立妇女小组、老年小组、青年小组等把全村人聚集在一起，实现党的组织在产业链上全覆盖，使党组织工作更好融入中心、服务中心。不少乡镇针对部分农村党员无业、无职，党员身份感不强，在产业的关键环节上为每名党员设岗定责，给岗位、给责任、给义务，使党员在产业发展中有存在感获得感，有效激发了党员积极性。

*其次是利用产业吸引力增强党建工作实效。*一些贫困村建立了村组干部、党员、村办实体负责人、扶贫工作队员、群众代表及普通群众参加的“党干群联席会议制度”，把会议地点搬到产业所在的企业车间、田间地头。在会议的时机和议题选择上，主要围绕研究讨论产业规划、项目引进和利润分红等党员群众关心的利益问题，增强会议吸引力。有的村民讲，过去村里招呼开会，大家都不想来，因为没有什么实质性内容。现在一看，村里的会议都与家家户户利益相关，都抢着来。参会人员各个层次都有，会议地点也没那么严肃，发言不会有顾忌，有时吵几句也没事，会上容易达成共识，会后执行就比较有力。同时，每次开会都联系贫困群众切身利益，借势宣讲党的理论、党的政策，开展感恩教育。

我们感到，脱贫攻坚推进到现在，很多村都有了自己的特色产业。产业不仅成为贫困村脱贫的经济支柱，也成为贫困村基层组织发展的重要依托。将基层组织建设与产业发展统起来抓，既能在产业发展、基础设施建设等关键领域，切实发挥基层组织把握方向、集聚民智、协调解决棘手问题的优势，又能通过协调解决好产业等农民群众关注的利益问题，增强基层组织的凝聚力战斗力，形成脱贫致富的强劲力量。

## 二要充分发挥扶贫工作队和第一书记“外脑”的带动力

贫困村人才缺乏，加强基层基础建设要借助外部力量。其中，最为关键的就是用好驻村帮扶干部这支特殊力量。前两年，驻村第一书记和扶贫工作队把主要心思和精力用在了引进项目、发展产业上，对脱贫攻坚贡献极大。很多群众反映，如果没有帮扶干部，很多想法实现不了，他们协调了很多村里协调不成的事，在群众中形成较高威信。要利用村民对帮扶干部的这股信任，用好他们观念新、视野宽、素质高等优势，因势利导推进所在贫困村强化基层基础。

（一）引导帮扶干部把工作重点放在软实力建设上。在与部分驻村第一书记个别交流过程中，大家对可能出现的返贫风险，都有不同程度的担忧。有的认为，现在推进脱贫攻坚主要靠的是外部力量，一旦帮扶力量、帮扶政策撤出，很容易返贫。应出台相应政策，引导第一书记和扶贫工作队在着力推进落实产业、就业、基础设施建设等举措的同时，把贫困村软实力建设也作为帮扶工作的一项重点。特别是在带强村“两委”班子、带好党员队伍、带出一批致富带头人上下更大功夫，为贫困村在脱贫后留下一支不走的“工作队”。为此，要不断改进扶贫考核督查工作，加强对各类扶贫检查考评的统筹整合，将村级组织建设等纳入检查考评范围，发挥好“指挥棒”作用。

（二）加强对帮扶干部的针对性培训。基层基础建设是一个系统工程，涉及方方面面，尤其组织建设、乡村治理、乡风文明等，突破难、见效慢。不少帮扶干部反映，这方面工作比协调几个项目、规划几个产业难度要大得多，而且他们大都是机关或企事业单位选派，对加强农村综合性、基础性工作不熟悉，短时间内难以找到有效的着力点。应针对帮扶干部，开展一系列关于基层基础建设方面的专题培训，加强经验交流和相互学习借鉴，弄准吃透扶贫政策，提高带领村民抓基层打基础的能力水平。

（三）用经济利益把帮扶干部与贫困村长期捆绑在一起，使他们将来人走但心不走。淅川县有些驻村干部和第一书记把自己与贫困村紧紧连在一起，自掏腰包拿出 1 万—2 万元甚至更多资金投入扶贫产业，吸引、带动贫困户参与产业发展。虽然淅川县规定，帮扶干部个人投入的资金，脱贫后作为股份予以分红，但目前来看基本属于帮扶干部出于使命责任的志愿行为。我们认为，可对帮扶干部参股入股贫困村合作社的具体形式、分红比例、时机条件进行研究，使他们把个人利益与村建设发展绑在一起。这样做，既能从物质上更好调动帮扶干部积极性，还能使他们离岗后还跟村里有经济联系，长期给予帮助和支持。

## 三要大力培养贫困村基层组织骨干力量

打牢基层基础，巩固脱贫成效，必须把外部的帮扶、外来的资源转变为贫困村的内在动力。这其中，重点是要抓好农村骨干这个“关键少数”，推动“人”的全面发展和乡村全面振兴。

要调优建强贫困村“带头人”队伍。通过这几年的调整优化和激励约束，农村“两委”班子结构老化、知识欠缺现象有了较大改观。近两年，淅川县面向社会吸纳大学生、复退军人担任村干部，村干部平均年龄由 55 岁下降到 48 岁，高中以上学历由 43% 提高到 62%。对脱贫成效显著的村支部书记采取在任期内列席乡镇班子会、享受副科级工资待遇等形式给予一定政治和物质激励，通过集中授课、参观见学等方式对村干部进行轮训，取得了较好效果。但总体上，村“两委”班子在年龄结构、能力素质上，与稳定脱贫的要求相比，还有较大差距。同时，部分驻村第一书记反映，现在对村“两委”班子的考核偏软偏虚，在党的建设、发展产业等方面缺乏硬性指标要求。应大力塑造好的发展环境，充分吸引本土人才回归，“老中青”相结合优化村“两委”班子结构。引导贫困村正确处理好帮扶干部与村干部之间的关系，逐步提高村干部带领群众脱贫致富的能力。通过奖补、产业绩效、入股分红等进一步提高村干部待遇，形成有效的正向激励机制。

*要在脱贫攻坚主战场壮大贫困村党员队伍。*当地反映现在贫困村党员数量少，年龄老化严重，40 岁以下的党员平均每个村只有 4—5 名、仅占党员总数的 25%，而且一个贫困村两年才能发展 1 个党员。这种现象在全国贫困地区也较为普遍。虽然在发展党员指标上对贫困村有所倾斜，但力度还不够。这样下去，既影响党员队伍发挥作用，也不利于培养村“两委”接班人。通过脱贫攻坚主战场考验，贫困地区中青年人对党的政策感受更为深刻，对党的认同感显著增强，想入党的人明显多了。建议针对中青年人入党积极性增高，又接受了脱贫攻坚检验的实际，进一步增加贫困村党员发展指标，把政治素质过硬、能力素质强、乐于扎根农村的人吸收进来，进行重点培养和帮带。这样利于优化党员结构，从源头上改善村“两委”班子年龄结构老化现象，为党在农村的工作提供充足的新鲜血液。

*要强化农村骨干适应现代市场的意识和能力。*实现脱贫致富、促进经济发展，离不开市场作用的发挥。一些地方注重培养群众的市场观念和利用市场发展经济的能力，取得了明显效果。建议各地结合当地产业发展实际，从贫困村致富“带头人”抓起，加大对贫困群众市场观念、专业技能培育力度，使他们加快掌握现代化的生产方式和经营方式，以产业的大发展推动农民素质来一次大提升。

*要用好脱贫攻坚形成的正能量，发挥其引领带动作用。*前所未有的脱贫攻坚战，对于贫困地区群众的意义，不仅是彻底摆脱

贫穷，也是一场深刻的教育和洗礼，将影响几代农村人。有的帮扶干部讲，现在村里是“四无四多”，打牌吵架的没有了、偷鸡摸狗的没有了、游手好闲的没有了、好吃懒做的没有了，勤劳致富的多了、热心公益的多了、想入党的多了、向善感恩的多了。有的贫困户谈到，自己思想上有了很大变化，是脱贫攻坚让他们看到了希望，感到生活有了盼头。思想观念的根本改变是不容易的。如果没有这么一场强有力的脱贫攻坚战，贫困地区老百姓的思想观念、生活方式很难有这种可喜变化。要进一步宣扬脱贫攻坚的重大意义和正面效应，在宣传优秀扶贫干部的同时，也要大力宣传和表彰拥护党的政策、积极脱贫致富的贫困户代表，扩大脱贫攻坚对农村群众的教育和影响，更好激发内生动力。

# 脱贫攻坚是基层干部作风转变的引领力量

郭玮　贺达水　方华　刘一宁

脱贫攻坚作为决胜全面建成小康社会三大攻坚战之一，受到广泛关注，一些贫困地区的干部作风问题，也因此成为舆论焦点。对此，一方面要勇于正视问题，加大监督惩处力度，不断改进扶贫领域作风；另一方面也要看到，优良作风是帮扶工作的主流，暴露出来的作风问题很多并非源于脱贫攻坚，而是一段时期以来官僚主义、形式主义等不良风气在扶贫工作中的反映。近期，我们赴河南省淅川县调研，与县乡基层干部座谈，与中央单位、省、市、县各级选派驻村的十多位第一书记进行一对一交流，并实地走访了贫困村贫困户。从调研情况看，由于力度大、工作实、要求高、监督严，在脱贫攻坚中，贫困地区基层干部作风得到锤炼、不断转变。脱贫攻坚已经成为基层作风转变的引领力量。

**第一，脱贫攻坚促进了干部思想作风转变，强化了为人民谋幸福的初心。**突出表现在基层扶贫干部把帮助贫困老百姓办实事作为自觉行动。目前贫困地区普遍建立了领导干部与贫困村直接联系机制，县乡干部经常到结对贫困村察实情、解难事。有的县领导跑遍了全县100多个贫困村，这在过去是难以想象的。一位村干部讲：现在县里领导干部"步子往下走"，隔三岔五就要到我们这种穷山村。脱贫攻坚战打响后，淅川全县选派4850名公职人员作为联系帮扶责任人，占全县机关干部的90%以上；抽调557名干部组成185支扶贫工作队。这些帮扶干部奋斗在扶贫第一线，"五加二"和"白加黑"是工作常态。有的第一书记家在县城，但1个月也回不了一趟，工作吃紧时连续数月都在村里。调研中，很多干部讲，当初到贫困村帮扶是服从组织安排，因为后备干部不驻村不能提拔，但干上一段时间，贫困村成了"自留地"，干部自觉自愿地投入时间精力帮扶，看着贫困村一天天改变面貌，成就感很足。从不情愿下乡驻村，到无须扬鞭自奋蹄，基层干部在脱贫攻坚中牢固树立了为人民服务的宗旨，思想作风得到了提升。

**第二，脱贫攻坚促进了干部工作作风转变，显著改善了农村干群关系。**改进工作作风、密切联系群众，最重要的是为群众办好事、办实事。过去一段时期，一些干部认为农村群众关心的事情大都是鸡毛蒜皮的"小事"，不值得关注，遇到问题绕着走，或者搞形式主义应付了之，把主要精力放在项目投资、开发建设等所谓的"大事"上。现在，精准扶贫提出了新要求，干部结合贫困群众实际情况，因户因人实施帮扶，帮助解决实际困难。淅川县组织开展"五个一"真情关爱活动，扶贫干部深入贫困户家中，与贫困户谈一次心、吃一顿饭，帮助贫困户规划一个项目、解决一个难题、打扫一次庭院，把"小事"当"大事""要事"来办，用自己的辛苦指数换来贫困群众的满意指数。同时，县域经济发展“大事”也和群众“小事”更加紧密地联结起来。像淅川县在谋划产业发展上，把带动群众脱贫效果明显的林果业作为重点，注重短中长相结合，确保群众参与、群众贡献、群众获益。对帮扶干部而言，贫困群众从“距离遥远”到“近在眼前”，从抽象群体到一个个有血肉有想法的个体，他们放下架子、扑下身子，听群众期盼、解群众疾苦，工作作风脱“虚”向“实”。一位“80后”驻村干部说，以前村子里的贫困户是不敢见干部的，遇到干部会紧张，现在他们哪怕是房屋漏雨、婆媳吵架的问题，都会来找驻村干部。有的贫困户感慨地说：“帮扶干部比自己亲儿子还要好。”村民家里炸了油条，先端给扶贫干部。听到帮扶干部要回城，抱着土特产跑过来就往后备箱里塞，拦都拦不住。干部用心用情用力帮扶，换来了群众的真心拥护，干部群众“鱼水情”又回来了，工作作风有了很大改变。

**第三，脱贫攻坚促进了干部学风转变，增强了服务基层群众的才干。**“三农”工作是全党工作的重中之重，懂农业农村是广大基层干部的“必修课”。近年来，一些年轻干部通过公开招考等渠道，为县乡村干部队伍充实了新生力量，这些干部知识结构新、文化程度高，但也存在不擅长基层工作、不熟悉农业农村的“短板”。脱贫攻坚为基层干部提供了学习锻炼的平台，通过向实践学习、拜群众为师，做到干中学、学中干，用汗水练就过硬本领，有效地改进了学风。淅川县多次召开第一书记座谈会，县领导结合自身成长经历，与驻村干部交流怎样做好基层工作、怎样服务好群众，以培训促学习。一位驻村干部说，驻村担任第一书记对提升个人综合能力帮助很大，以前在机关上班，每天都是按照规定动作来，不逾矩就不会犯错。而驻村以后，全村老小脱贫的期盼如“泰山压顶”，作出决策既要周全，考虑方方面面的人和事，又要接地气，用群众思维去想、用群众语言去讲，这样才能让老百姓信服。这是很大的挑战，也极大促进了自身的成长。基层年轻干部通过一线帮扶实践洗礼，逐渐认识了农业、熟悉了农村、了解了农民，树立了良好学风。

**第四，脱贫攻坚促进了干部领导作风转变，提高了基层党组织凝聚力战斗力。**村官也是官，在促进村集体经济发展、提高群众生活水平等方面发挥着关键作用。但过去一些贫困乡村存在村干部独断专行的官僚主义作风，或者是基层组织不管事、不惹事，长期软弱涣散，削弱了党在农村的执政基础。脱贫攻坚战打响后，驻村第一书记和扶贫工作队充实到基层治理体系当中，通过发展党员、完善制度、配强队伍，贫困村基层组织建设得到显著加强，干部领导作风也有了明显改观。淅川县有个村地处深山、封闭落后，过去村“两委”软弱涣散，只有一两名党员干部常年在村。国家有关部门选派的驻村第一书记到任后，注重以党建促脱贫，着力改进领导作风，既充分发扬民主，做到公开公平公正，又强化集体领导，坚持分工负责，党支部战斗堡垒作用得到发挥。该村根据村情实际，探索建立“党干群联席会议”制度，大事小事坐在一起公开商议，改变过去党员干部群众各想各、各干各的散乱状态。同时积极发展新党员，吸收“90后”和致富能手加入党组织，8名党员编入扶贫工作组，将村支委成员派往脱贫产业和项目上担任党小组组长，对项目业绩负责、对管理团队负责，促进党组织建设向扶贫项目、产业链有效延伸。通过党员带头、发动群众，仅仅四个月时间，该村集体收入从无到有，增收了200多万元，党组织权威全面确立，赢得了广大群众的高度信任，过去的“上访村”呈现出前所未有的凝聚力和向心力，目前已有20多名外出务工贫困群众自愿返乡就业创业。脱贫攻坚为农村基层组织注入新鲜血液，第一书记和扶贫工作队踏踏实实、无怨无悔、无私奉献，促进带动村干部领导作风转变，基层组织成为贫困村脱贫发展的主心骨。

**第五，脱贫攻坚促进了干部生活作风转变，增进了清正廉洁的公仆本色。**干部生活作风问题关乎党的形象。与城市相比，贫困村工作生活条件很差，帮扶干部与贫困群众同吃同住同劳动，严格要求自己和其他村干部，乡村版的享乐主义和奢靡之风得到了有效克服。淅川一个贫困村的驻村第一书记到任后，村“两委”在村头开的小饭馆设宴欢迎，并解释说这是该村的惯例。这位第一书记当场谢绝，并就此深入群众了解情况，发现小饭馆主要是干部签单、公款买单，群众对此怨言很大。第一书记立即召开村民代表大会宣布，村干部无论公私一律不允许到小饭店吃请，上级单位下来检查调研时，只能安排到群众家吃派饭并按标准缴纳饭钱，请全体村民予以监督。这个规定执行不到三个月，村子里这家唯一的小饭店就关门了，群众们拍手称快、衷心拥护。通过脱贫攻坚，广大基层干部克服了享乐主义和奢靡之风，生活作风明显改进，巩固了党员干部清正廉洁的形象。

脱贫攻坚是一场消灭绝对贫困前无古人的伟大战役，也是转变基层干部思想作风、工作作风、学风、领导作风、生活作风的重大战役。作风硬则帮扶工作硬，作风实则脱贫成效实。打赢脱贫攻坚战，必须打赢作风攻坚战。建议结合脱贫攻坚作风建设年工作安排，全面展示精准帮扶工作中广大基层干部的优良作风，注重挖掘代表人物、先进典型和感人事迹，彰显脱贫攻坚对加强作风建设的特殊意义，正面引导扶贫领域改进作风。

# 加强特殊贫困人口保障性扶贫的建议

方华

随着精准扶贫向纵深推进，农村贫困结构发生了较大变化，突出表现为贫困残疾人、贫困老人和大病慢性病患者等特殊贫困人口数量多、占比高。当前全国 4000 多万建档立卡贫困人口中，残疾人、老人和病人等特殊贫困人口合计近 1900 万，比例接近一半，而且越往后这几类人的占比越高。最近我们到河南省淅川县调研，对贫困村残疾人、老人和病人的状况进行了专门了解。我们感到，打好精准脱贫攻坚战，必须把特殊贫困人口脱贫问题摆到更加突出的位置，采取更加有力的超常规举措推进解决。

与一般贫困人口相比，特殊贫困人口脱贫难度更大。一是特殊贫困人口家庭普遍缺乏劳动力，难以依靠就业增收脱贫。特殊贫困人口不仅自身无劳动能力或仅有部分劳动能力，很多还需要家人照料，进一步束缚了家庭劳动力。中国残联调查发现，58% 的贫困残疾人家庭无劳动力或仅有 1 名劳动力，76% 的贫困残疾人家庭收入主要靠低保等补贴。二是特殊贫困人口医疗康复等支出多，家庭负担重。中国残联长期监测发现，残疾人家庭人均收入只相当于社会平均水平的一半，而家庭医疗康复支出则是非残疾人家庭的1.6—1.7倍。三是“脱贫不解困”矛盾突出，特殊贫困人口获得感不强。一些重度残疾人、孤寡老人和慢性病患者，算家庭收入账已经脱贫，但贫困人口本人的医疗康复、护理照料不足，行动不便、长期与社会隔绝，实际生活质量很差。总之，特殊贫困人口集收入型贫困和支出型贫困于一体，致贫原因复杂，既要提高其家庭收入脱贫，也要采取针对性措施帮助特殊贫困人口解困。为此，我们建议：

**第一，加大特殊贫困人口保障性兜底力度。**特殊贫困人口普遍无业可扶，只有对其实施社会保障兜底，增加政策性补贴等转移性收入，才有可能将其托出贫困陷阱。当前我国农村社会保障制度已经较为完善，有针对低收入家庭的低保政策，有针对持证残疾人的困难残疾人生活补贴和重度残疾人护理补贴，有针对农村老人的养老保险，以及扶贫领域的资产收益扶贫，等等。但这些政策覆盖面、补贴标准、政策衔接等方面还存在一些问题。有些地方和基层搞平衡，享受了低保就不再确定为贫困户，确定为贫困户就不能享受低保政策。不少农村残疾人没有办理残疾人证，不能享受残疾人“两项补贴”。要扩大相关制度覆盖面，提高补贴标准，织牢织密特殊贫困人口保障网。第一，推动农村低保和残疾人“两项补贴”制度对特殊贫困人口全覆盖。将符合条件的建档立卡特殊贫困人口全部纳入低保范围，实现应保尽保。加快建档立卡贫困人口中残疾人的残疾证办理，实现应办尽办。在此基础上，全面落实困难残疾人生活补贴和重度残疾人护理补贴制度，实现贫困残疾人“两项补贴”应享尽享。第二，提高特殊贫困人口低保档次和残疾人“两项补贴”标准。特殊贫困人口享受低保档次应就高不就低。鼓励各地提高贫困残疾人“两项补贴”

标准，中央财政给予奖励。第三，资产收益扶贫要重点向特殊贫困人口倾斜。把产业扶贫、光伏扶贫、旅游扶贫等项目收益的一定比例明确到特殊贫困人口家庭，确保他们能获得持续稳定的收入。

在增加其保障性收入的同时，还要完善相关政策，减轻特殊贫困人口家庭支出负担。一是完善特殊贫困人口城乡基本医疗保险、大病保险、医疗救助等多重医疗保障体系，确保小病、常见病看得起，得大病、慢性病也能确保全家吃穿不愁。严格落实基本医疗门诊报销政策，提高门诊报销比例，增加门诊报销药物目录清单，确保自付医疗费用不超过其基本收入。二是兜底解决无资金自筹能力特殊贫困家庭危房改造。目前危房改造还需要贫困户自筹一部分资金，一些特殊贫困人口家庭因拿不出自筹资金而享受不到危房改造的好处，仍居住在危房之中。对这部分特殊贫困人口的危房改造，应予兜底保障，确保其住房安全。

**第二，实施贫困残疾人等辅助器具保障性适配工程。**不少农村残疾人、高龄老人和重病患者处于失能、半失能状态，行动不便、活动范围小，有些常年卧床，有的甚至连洗浴、如厕等基本生存需要都不能很好满足，生活质量和生命尊严很差。实施辅具保障性适配工程，为失能、半失能贫困群众适配必要的轮椅、拐杖等辅助器具，可以有效补偿和改善其身体功能，增强其生活自理和社会参与能力，提高生活质量和生命尊严。这与“两不愁三保障”一样，也是在保障他们的基本需求。

辅具保障性适配以“保基本、广覆盖”为基本原则，以普通型、大众化辅具为主，重点解决贫困残疾人最基本、最迫切的辅具需求。适配人群，以建档立卡贫困残疾人中占比最高、辅具需求迫切、收益面最广的肢体残疾人为主，同时兼顾有需求的贫困老人和病人。辅具类型，以适合农村残疾人使用、需求量大、产品成熟、质量可靠的辅具为主，包括适用于截瘫、下肢功能障碍等行动不便者的功能轮椅、机动轮椅车、助行器、拐杖等，帮助肢体功能障碍者如厕、洗浴的坐便椅和洗浴椅，长期卧床残疾人使用的护理床、移位辅具和防压疮垫等，以及假肢矫形器等。适配方式，以送实物辅具上门为主，避免现金补贴到户被挪作他用、不能精准适配到人等问题，切实增强贫困残疾人等的获得感。在适配实物辅具的同时，加强辅具使用培训和技术服务，配套进行家庭无障碍改造，提高辅具使用效能。加大对贫困残疾人等家庭无障碍改造投入力度，提高改造标准，一户一策推进，确保应改尽改、改后适用。在农村危房改造、易地扶贫搬迁中，统筹考虑贫困残疾人等的无障碍需求，同步做好家庭无障碍设施的规划和建设。

**第三，加强特殊贫困人口保障性照料看护服务。**贫困残疾人中的精神、智力和重度肢体残疾人，有一半以上有长期照料看护需求。一些孤寡老人、留守老人等照料看护需求也很迫切。目前农村大部分残疾人照料看护主要靠家庭成员，羁绊家庭劳动力就业增收，进一步加重了家庭贫困程度。一户多残、以老养残等贫困家庭得不到有效照料问题突出，一些孤寡残疾人甚至连一日三餐等也难以保证。要加大贫困重度残疾人等保障性看护照料工作力度，切实提高他们的生活质量。这也是提高特殊贫困人口扶贫获得感的重要内容。一是落实特困人员救助供养政策。对特殊贫困人口中符合特困人员认定条件的，如 16 岁以上有长期照料看护需求的重度残疾人等，及时纳入特困人员救助供养，给予其基本生活保障和日常照料。二是积极推进集中托养等专业化照料看护。依托敬老院、幸福园及托养机构等公共设施作用，对有长期照料护理需求和意愿的贫困精神、智力、重度肢体残疾人和贫困老人等，进行集中养护或日间照料，各级财政给予养护补贴。三是探索开展互助养老、邻里照料等互助性照料看护。鼓励各地通过政府购买服务等方式，在村级开发照料养护类公益性岗位，就近就便为有长期照料养护需要的特殊贫困人口家庭提供照料服务。照料养护类公益性岗位优先提供给有养护照料余力的特殊贫困人口家属，使他们能够在照料好自家人的同时，为周边有照料需求的重度残疾人、留守老人等提供照料服务，既充分发挥他们照料养护的经验和能力，增加农村专业化照料养护服务供给，又增加特殊贫困人口家庭收入。

**第四，实施特殊贫困人口保障性就业工程。**在特殊贫困人群中，有一部分贫困残疾人、贫困老人并未完全丧失劳动力能力。为那些有部分劳动能力的贫困残疾人、低龄老人等提供合适的就业机会和岗位，让他们从事简单的、低强度的劳动并获得一定报酬，既能增加其家庭收入，又能帮助他们自立自强、树立生活信心，还能形成示范效应，带动周围贫困群众增强脱贫致富内生动力。要针对贫困残疾人的特点和能力，实施保障性就业工程。设在农村的扶贫车间，要优先向有意愿、有能力的贫困残疾人等提供就业岗位，支持他们从事力所能及的劳动增收。加强残疾人就业创业培训，重点加强手工制作、电器维修、电商运营等适合残疾人就业创业的培训，提高贫困残疾人就业创业能力，加大对贫困残疾人创业项目支持力度。鼓励各地建设集托养照料、康复训练、文娱活动、辅助就业于一体的“残疾人之家”等公益性机构，开发更多适合贫困残疾人就业的公益性岗位。

# 开展贫困残疾人辅具适配服务“拐杖工程”的建议

郭玮　贺达水　方华　刘一宁

最近，我们到一些贫困地区调研，深切感到，农村贫困残疾人是脱贫攻坚最难啃的“硬骨头”之一，贫困残疾人生活状况差是当前农村贫困的突出表现。与一般贫困人口相比，很多贫困残疾人处于失能、半失能状态，生存状况、生活质量较差，有的甚至连起码的生命尊严都得不到保障。随着各种脱贫帮扶措施的到位，残疾人家庭收入达到脱贫标准并不很难，但如果残疾人的生活状况没有明显改善，也会给全面建成小康社会带来瑕疵。

改善贫困残疾人的生活状况，一个简便的办法是适配残疾辅具。目前，贫困地区很多贫困残疾人及其家庭，对残疾辅具的功能和所能带来的便利，缺乏应有的认知，加上家庭经济条件限制，很多残疾人都缺乏适用的拐杖、盲杖、轮椅、坐便椅、坐浴椅、护理床、防压疮垫等残疾人辅助器具，导致行走、移位、洗浴、如厕等一些基本生活需求难以保障。有的只能依靠家人照料养护，加重家庭脱贫负担。

我们认为，贫困残疾人辅具适配服务投入小、精准度高、帮扶效果持久，既是帮助贫困残疾人补偿改善功能、增强生活自理能力的“扶贫拐杖”，更是树立生活信心、增强社会参与能力的“扶志拐杖”。因此，建议研究开展贫困残疾人辅具适配“拐杖工程”，为有需求的贫困残疾人提供必要的、适宜的辅助器具，改善基本生活质量，激励脱贫内生动力，增强贫困残疾人在脱贫攻坚中的获得感，彰显党和政府对贫困残疾人的特别关爱。

**第一，贫困残疾人对辅具适配服务的需求迫切。**目前我国农村残疾人辅具适配率较低，大部分贫困残疾人缺乏辅助日常生活的专门用品和器具。根据中国残联统计数据，截至2017年底，我国381万建档立卡贫困残疾人中，有各类辅助器具服务需求的残疾人约80万人。其中，肢体残疾人50万人，视力残疾人10万人，听力残疾人6万人，言语残疾人1.6万人，智力残疾人3.7万人，精神残疾人1.8万人，多重残疾人6.2万人。对这些特殊贫困群体适配辅助器具，有效改善残疾人生存状况，既有利于促进残疾人事业发展，提高社会文明程度，也有利于减轻贫困残疾人家庭负担，是打好精准脱贫攻坚战的重要举措。同时，贫困残疾人是最弱势群体，加强对他们的特殊帮扶，不会引起其他群体的攀比。

**第二，辅具适配服务能显著增强贫困残疾人帮扶获得感。**贫困残疾人往往面临着“脱贫不解困”的矛盾。如果简单发放现金补助，虽然算家庭收入账达到脱贫标准，但因为贫困残疾人家庭负担重、花钱的地方多，政府对残疾人的补贴可能会被用到其他方面，难以改善其实际生活质量。而实物辅具只有残疾人用得上，可以精准解决贫困残疾人最迫切的问题，可以使贫困残疾人每天都实实在在地体会到脱贫攻坚带来的温暖。对于有行走功能障碍的残疾人，通过提供功能轮椅、机动轮椅车等代步器具，以及功能拐杖等助行器具，可以帮助他们显著扩大活动范围，提高生活自理能力。对于瘫痪、高位截瘫等常年卧床的重度残疾人，为其适配移位辅具、防压疮垫等专用辅具，既能显著提高残疾人生存质量，又能降低家人照料负担和精神压力。对于有一定劳动意愿和能力的残疾人，为其适配电动三轮车等生产生活两用辅具，支持其走出家门、走进社会，通过参与就业创业、实现自力更生，促进扶贫与扶志相结合。

**第三，贫困残疾人辅具适配服务财政投入不大。**目前，我国残疾人辅具市场产品成熟，企业研发生产能力强，质量可靠，价格较适宜。如功能轮椅、助行器具、坐便椅、洗浴椅、移位辅具、防压疮垫等辅具，市场价格均在千元以下，便宜的只有两三百元。价格较高的机动三轮车、护理床等，也均在5000元以下。考虑有辅具适配需求的贫困残疾人仅有80万人，相比其他帮扶项目，财政投入并不大。初步测算，如果以对辅具需求最迫切、受益面最广的50万建档立卡肢体残疾人为服务对象，按目前摸底的辅具需求，考虑部分残疾人有多重辅具需求等因素，服务对象合计72万人次，按人均1200元计算，资金需求不到9亿元。即便算上有辅具需求的贫困老年人、重病患者，按大数翻一番计，中央财政总投资约18亿元。

因此，建议启动实施贫困残疾人辅具适配“拐杖工程”，作为保障性扶贫的重要内容，列入打好精准脱贫攻坚战三年行动计划。按照“保基本、广覆盖”的原则，以普通型、大众化辅具为主，重点解决建档立卡贫困残疾人等最基本、最迫切的辅具需求。适配人群，以建档立卡贫困残疾人中占比最高、辅具需求最迫切、收益面最广的肢体残疾人为主，同时兼顾有需求的失能贫困老人和病人。按照“中央统筹、省负总责、市县抓落实”的工作机制，中央财政安排专项资金，兜底解决全国建档立卡贫困残疾人的辅具需求；省级政府对辖区内贫困残疾人辅具适配帮扶工作负总责，鼓励其根据自身情况适当解决非建档立卡残疾人的辅具需求；县级政府负责具体落实辅具适配服务帮扶，送实物辅具上门，做好对贫困残疾人辅具使用的技术服务，配套进行家庭无障碍改造，提高辅具使用效率效能。对于电动三轮车等价值较高的生产生活两用辅具，可采取对贫困残疾人租借等方式，鼓励其使用辅具经营就业，不经营就业的不得租借，租借以后停止经营或就业的，有关方面可以收回，适当施加监督约束，避免“一给了之”，鼓励自立自强。

# 坚持存量分类处置和增量控制相结合 保障和提升光伏扶贫电站带动脱贫效果

牛发亮

光伏扶贫是指在贫困地区因地制宜建设光伏电站，将发电收益为贫困人口提供 20 年以上稳定帮扶的一种精准产业扶贫模式，具有投资见效快、收益稳定、不依赖劳动力等特点，尤其适用于深度贫困地区和弱劳动能力贫困人口。由于国家对分布式光伏发电实行按电量补贴制度，光伏扶贫试点启动以后，倍受地方推崇，迅速呈现出多点开花局面。据有关部门统计，截至 2017 年底，全国共有 25 个省（区、市）、940 个县开展了光伏扶贫项目建设，累计建成发电规模超过 1011 万千瓦，惠及约 3 万个贫困村、164.6 万贫困人口，在带动群众脱贫、发展集体经济以及推动能源供给侧结构性改革等方面发挥了一举多得的效应。但光伏扶贫作为一项新生事物，实施过程中也出现一些问题，如果处理不好将会影响后期扶贫效果。我们在对有关省、市、县、村以及企业进行调研和座谈的基础上，研究认为，要坚持存量分类处置和增量控制相结合，进一步夯实政府筹资责任，防止“一哄而上”，着力提升光伏扶贫电站稳定带动脱贫效果，真正建成经得起历史检验的惠民工程。

## 一、当前光伏扶贫项目实施存在的突出问题

为做好光伏扶贫工作，国家有关部门2016年印发了《关于实施光伏发电扶贫工作的意见》（以下简称《意见》）及相关政策，2018年3月又出台《光伏扶贫电站管理办法》（以下简称《办法》），保障了光伏扶贫项目实施。但受政策不明晰、脱贫任务重等因素影响，项目实施中也存在诸多问题。主要表现在：

（一）地方政府筹资责任落实不到位。由于光伏扶贫电站以扶贫为宗旨，国家提倡优先利用政府性资金投资建设，鼓励企业捐赠，建成后产权归村集体所有，收益全部用于脱贫或直接给贫困户。但光伏发电属于资金密集型行业，起步成本高，投资回报周期长，筹集项目启动资金成为突出难题。为快速推广光伏扶贫，各地普遍采取政府投资与银行贷款、企业垫资等相结合的方式进行。从实践看，这种举债方式不仅给地方造成隐性债务负担，也因后期还款付息压力大降低了贫困户收益分配比例或受益年限，削弱了带动脱贫效果。为解决这一问题，《办法》明确“光伏扶贫电站不得负债建设，企业可以捐赠但不得持股”，但实际上《办法》出台前已有很多项目负债建成并网发电或者正在建设。以中部某省为例，2017年6月30日前并网发电的村级光伏电站，大都使用了银行贷款。另一省某光伏企业反映，其与某省辖市合作在32个村建设光伏扶贫电站，其中26个由企业垫资建成。

（二）部分地方出现扩大扶贫对象无序建设现象。《意见》明确光伏扶贫重点在建档立卡贫困村进行，但并未明确禁止在非建档立卡贫困村建设，而是提出“其他光照条件较好的贫困地区可按照精准扶贫要求，因地制宜推进实施”。这种情况下，地方

出于快速脱贫考虑，纷纷扩大扶贫对象，掀起光伏扶贫热潮。比如，有的县不切实际提出实现全县建档立卡贫困村贫困人口光伏扶贫全覆盖，对完成脱贫任务存在“一光了之”现象。又比如，政策规定单个村级小电站容量不超过300千瓦，具备就近接入条件的可放大至500千瓦，但有的县提出所有村级小电站均按照500千瓦顶格建设，对局部电网稳定运行带来很大压力。再比如，目前国家对普通光伏发电项目补贴指标配置按上网电价竞争方式进行，而扶贫电站不参与竞价，补贴标准高于普通项目，有的企业就借助扶贫名义获得补贴指标，将保障贫困户收益后的利润归为己有，既背离了光伏扶贫的公益属性，也扰乱了光伏行业市场秩序，阻碍了光伏技术进步和成本下降。

（三）光伏扶贫项目补贴政策有待完善。光伏扶贫项目电价由两部分组成，即燃煤电厂标杆电价部分和超出燃煤电厂标杆电价补贴部分。项目并网发电后，电网企业即可发放燃煤电厂标杆电价部分，待项目列入国家可再生能源发电目录后，再由电网企业代为拨付补贴部分。地方普遍反映，过去拿到补贴一般要滞后并网发电2年左右。为此，《办法》明确规定，补助资金原则上次年一季度前发放到位。但事实上，由于补贴结算涉及并网时间、电量、扶贫规模与户数等多个前置信息，处理流程复杂，加上地方部门协调联动不到位，补贴发放手续繁琐、周期过长，影响了扶贫效果，有的地方不得已出现政府垫资向贫困户提供收益的情况。另外，部分地方成立专门光伏扶贫开发公司，统一经营本区域光伏扶贫电站，但因营业收入超过50万元，均按一般纳税人缴纳增值税，降低了发电盈利空间，进而挤占了贫困户收益。

（四）部分光伏电站质量和运行效率低于预期。光伏扶贫之所以具有收益稳定的特点，关键是电站理论寿命长达25年。但从调研情况看，光伏扶贫电站建设存在良莠不齐现象，可能成为制约扶贫成效的突出问题。一是设备质量不过关。为降低投资成本，部分地方在关键设备招标中实行低价中标导向，导致承包商选择劣质产品情况时有发生，个别项目光伏组件建成仅半年后便已出现破损。某贫困县反映，2018 年一季度，全县并网运行光伏扶贫电站共发生各类故障 456 次，其中 80% 以上由设备引起。二是项目选址不科学。个别地方受土地资源条件限制，在一些不具备光照条件的地方安装光伏面板，导致“致富源”并未充足接收光照，降低了项目实际发电收益。个别项目甚至建在本身就很难使用 20 年的贫困户房顶。三是建设维护不规范。国家规定光伏扶贫电站按照“规划、设计、施工、验收、运维”五统一原则实施，但由于村级电站规模小、成本高、位置远等原因，不少从建设到运行维护都是负责施工的企业承担，这些企业更关注获取工程建设费用的“一棒槌”收益，运维技术力量相对较弱，建设标准不高，竣工验收较为简单，导致电站运行不稳定，影响发电效益。

（五）部分地区电网输配能力不适应大规模光伏扶贫电站建设。目前，我国大部分贫困县特别是深度贫困地区电力设施不完善，电网容量与扶贫电站发电量不相匹配，导致部分地区出现新增光伏电量超过电网最高消纳能力的“弃光”现象。一是电网现行技术条件不匹配。受光照条件变化影响，光伏发电“间歇性”特征明显，并网发电后发生“脱网”可能性较大，对电网冲击程度高，而现有技术条件下，我国电网输配电能力还不足以应对大规模光伏电站“脱网”现象。二是部分地区农网消纳能力弱。调研发现，部分县市早在2013年就已完成农网改造工程，并根据当时“小容量、密布点、短半径”原则规划建设了农村配电变压器，因单个变压器容量不足，导致现行电网容量与光伏扶贫发电站建设要求不符。

三是配套电网工程建设进度慢。光伏发电项目立项相对快捷，而配套电网工程立项复杂且周期长，再加上电源项目立项后才申请接网，客观上造成配套送出工程本身就滞后于电源项目，影响了光伏电站并网发电。

## 二、提升光伏扶贫电站带动脱贫效果的有关建议

光伏扶贫作为一种精准产业扶贫方式，是助力深度贫困地区打赢脱贫攻坚战的重要举措之一。为提升光伏扶贫电站带动脱贫效果，现提出如下建议：

（一）优先分类稳妥处置存量电站。目前，很多已经并网发电的光伏扶贫项目，因国家政策调整或其他因素未能纳入可再生能源补贴目录，不能享受光伏扶贫电价补贴，运营普遍困难，难以给贫困户兑现收益。这些电站如果不及时妥善解决，势必给脱贫成效带来影响。据中部某省反映，目前全省共有存量光伏扶贫电站规模 109.8 万千瓦，2018 年有 17.1 万千瓦列入国家补助目录，仅占已并网规模的 15.6%。建议国家尽快对已建成并网发电的光伏扶贫电站进行核实，统筹考虑财力条件和项目建成时间、扶贫对象、资金来源、债务负担等，研究制定分类处置办法，在“纳入国家可再生能源补贴目录、享受光伏扶贫电价补贴”上排出优先序、侧重点，并保持政策的连续性稳定性，保障项目长期稳定带动脱贫效果。对光伏扶贫项目银行贷款、企业垫资等，支持地方探索采取合理方式逐步进行置换，降低还款付息压力，还原项目公益属性，防止扶贫工程失去扶贫功效。

（二）加强增量规模控制和扶贫对象精准识别。据有关机构预测，按照当前补贴制度测算，到 2020 年，我国可再生能源补贴缺口近 2000 亿元。随着光伏行业技术进步和成本下降，目前普通

光伏电价补贴标准已经开始下调。建议统筹考虑光伏电站带动脱贫功能和行业自身发展，一方面，加强扶贫、能源、财政、电力等部门联动，综合研判财力条件、脱贫任务、电网消纳能力等，在国家层面强化增量规模控制，并逐级分解到县实施，防止地方因“补贴冲动”一哄而上；另一方面，严格把扶贫对象限定为建档立卡贫困村的建档立卡贫困户，尤其是深度贫困地区和弱劳动能力贫困人口，确保有限资金用在“刀刃上”。

（三）进一步明确县级政府筹资责任。建议引导各地树立“光伏扶贫是产业扶贫的一种方式，但不是唯一方式”的理念，进一步夯实县级政府筹资责任，既支持统筹使用专项扶贫资金、涉农资金和社会帮扶资金等，有序推进光伏扶贫项目实施，又要求尽力而为、量力而行，严格执行国家《办法》规定，防止通过大规模举债建设形成债务负担，防止以扶贫为初衷的公益项目转变为企业营利项目。另外，为了让贫困户稳定受益，建议针对光伏电站运行中因自然灾害造成电站毁损、不法分子偷盗等情形，探索设立光伏扶贫项目专项保险，为电站运维提供保障。

（四）严把工程建设和运行维护质量关。具体建议：一是将技术、安全关口前移，在工程设计、设备选型、安装建设、并网运行等环节，严格执行国家标准和项目验收制度，确保电站安全可靠运行。对已并网运行的，由电力部门组织进行全面检查，通过技术改造等手段消除安全隐患。二是考虑到光伏电站建设及运行维护专业性强，建议以县为单位，建立统一的专业化市场主体，集中负责光伏电站建设、电费结算、收益拨付、手续办理、后期管理等事务，构建体现全周期管理的光伏扶贫项目运维体系。三是督促电网公司加大投入，同步推进电网改造，防止出现因无法消纳而“弃光”降低发电效益；加快接入电网工程建设，确保与光伏电站同步建成投产。

（五）优化补贴发放流程和加大税收优惠。目前，补贴电价部分占全部收益的60%左右，这部分资金如果不能及时到位，将影响扶贫效果。建议提高国家可再生能源补贴申报频次，比如每半年申报一次，并由电力、税务等部门联合，研究制定简化光伏扶贫补贴电费代开增值税发票等程序，加快电费拨付发放。同时，针对地方成立公司经营本区域内光伏电站问题，研究解决增值税减免等问题，比如可统一按照小额纳税人管理，免征增值税，增加贫困户收益。